本丛书得到何东先生独资赞助

This series of books is financially supported exclusively
by Mr. Eric Hotung.

20世纪中国文物考古发现与研究丛书

# 周口店北京直立人遗址

黄慰文 / 著

文物出版社

一　特里尼尔爪哇人化石产地

二　周口店遗址远景

三　北京人遗址出土的
　　剑齿虎犬齿

四　北京人遗址出土的
　　梅氏犀头骨

五　北京人遗址出土的
　　鬣狗复原像

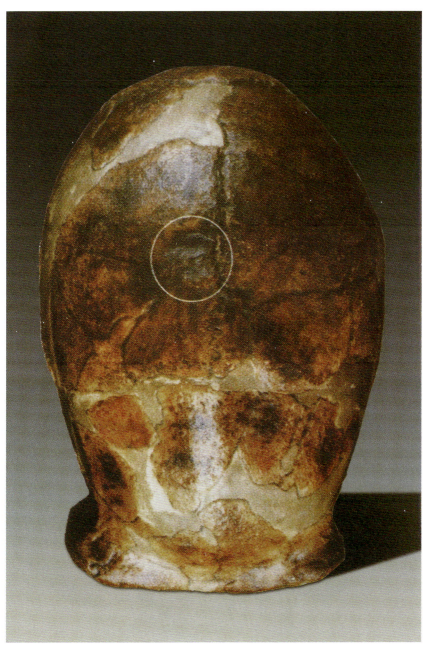

六　北京人头骨之一

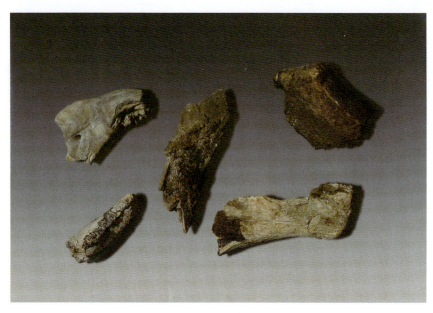

七　北京人遗址出土的烧骨

八　北京人遗址出土的灰烬

*20 世纪中国文物考古发现与研究丛书*

# 序 / 张文彬

俗称"锄头考古学"的田野考古学的诞生以及中国考古学学科体系的基本完善，由此而引起的古物鉴玩观赏著录向科学的文物学的转变，是 20 世纪中国学术与文化界的大事。它从材料与方法两个方面彻底刷新了持续了数千年之久的中国古代史学传统，不但为中国学术界和文化界开拓出更加广阔的研究天地，也为一切关心中华民族悠久历史和灿烂文明的人们不断地提供了可贵的精神滋养和力量源泉。

仰古、述古、探古，进而考古，向来为我国传统文化中一个明显的学术特点。先秦时期诸子百家发其端，汉代司马迁撰写《史记》，北魏郦道元作注《水经》。他们对相关的遗迹遗物，尽可能地做到亲自考察和调查，既能辨史又可补史。这种寻根追源的治学态度，为后世学术上的探古、考古树立了榜样。此后，山河间的访古和书斋式的究古相继开展，特别是对古器物的研究，成了唐、宋时期的文化时尚。不少学者热衷于青铜铭文、碑刻、陶文、印章等古文字的考释，进而有了对器物的辨伪鉴定、时代判断、分类命名等，逐渐兴起了一门新的学问——金石学，涌现出许多著名的古器物鉴赏家和收藏家。只是囿于当时的历史条件，金石学家们无法了解所见文物的出土地点和情况，也难以涉及史前时代漫长的演进历程，因而长期以来始终脱离不了考证文字和证经补史的窠臼。即使如此，他们的艰辛努力和取得的成绩，还是为推动我国传统文化的发展起到了积极作用，并且在事实上也为中国考古学和中国文物学的起步铺设了最早的一段道路。

20 世纪初，近代考古学由西方传入。中国学者继承金石学的研究成果，学习并运用西方考古学方法，开始从事田野考古，通过历史物质文化遗存，探寻和认识古代社会，揭示人类社会发展规律。早在 1926 年，中国学者就自行主持山西南部汾河流域的调查和夏县西阴村史前遗址的发掘。随后，我国学者同美国研究机构合作，有计划地发掘周口店遗址，发现了北京猿人。从 1928 年起至 1937 年，连续十五次发掘安阳殷墟遗址，取得了较大收获，引起了国内外学术界的重视。自 20 世纪 50 年代以后，随着国家大规模经济建设的进行，田野考古勘探、调查和科学发掘工作在全国范围内蓬勃有序地开展，许多重要的典型遗址和墓地被揭露出来，重大发现举世瞩目。它们脉络清晰，层位分明，文化相连，不仅弥补了某些地域上的空白，而且衔接了年代上的缺环，为研究中国古代史、文化史、科学史以及其他学科领域，提供了珍贵、丰富的实物资料，极大地影响着人文社会科学诸多学科专业的研究与发展。这段时间被学术界称为中国考古学的黄金时代。在马列主义理论指导下，具有中国特色的考古学理论体系和方法论逐渐形成。有关研究成果不仅极大地改变和丰富了人们对中国文明起源、中国古史发展等重大问题的认识，同时也扩展了中国文物的研究领域和研究方式。可以说，考古学的发展与进步，直接影响到文物学的形成与发展，而且影响到全社会对文化遗产重要作用的认识以及世界学术界对中国古代文明的重新认识。

从20世纪80年代开始，文物界就中国文物学的创立，逐渐取得共识，在共同探讨的基础上，初步形成了学科体系。不少学者发表了有关论文，出版了专著，就文物的历史价值、科学价值、艺术价值以及在社会主义的物质文明与精神文明建设中如何对文物进行有效保护、合理利用发表意见。这些研究成果已获得学术界的赞同。

在这世纪之交和千年更替之际，对中国考古学和中国文物事业作一次世纪性的回顾和反思，给予科学的总结，是许多学者正在思考和研究的问题。如果能通过梳理20世纪以来重大发现和研究成果，透视学科自身成长的历程，从而展望未来发展的方向，以激励后来者继续攀登科学高峰，无疑是一件很有意义的事。为此，经过酝酿、商讨和广泛征求意见，我们约请一批学者（其中有相当多的中青年学者）就自己的专长选择一个专题，独立成篇，由文物出版社编辑出版一套《20世纪中国文物考古发现与研究丛书》，并以此作为向新世纪的献礼。

从某种意义上说，《20世纪中国文物考古发现与研究丛书》是一套学科发展史和学术研究史丛书。其内容包括对20世纪考古与文物工作概况的综合阐述；对一些重要的考古学文化和古代区域文化研究情况的叙述；对文物考古的专题研究；对重要的文物考古发现、发掘及研究的个例纪实。

此套丛书的内容面广，而且彼此关联。考虑到各选题在某些内容上难免会有重叠或复述，因此在编撰之初，我们要求各选题之间互有侧重，彼此补充，以期为读者了解 20 世纪中国考古学和文物学的发展提供更多的视角。

我国的文物与考古工作，虽在 20 世纪得到了迅速发展，但仍有许多重大学术问题需要进一步探索。我们主持编辑这套丛书，除了强调材料真实，考释有据，写作态度严谨求实外，也不回避以往在工作或研究上曾经产生的纰漏差错和不足之处，以便为今后的工作和研究提供借鉴。虽然我们尽了很大努力，但限于水平，各篇仍很难整齐划一。由于组稿和作者方面的困难和变化，一些计划之中的题目也未能成书。这些不周之处，敬请专家、学者和广大读者批评指正。

在丛书编印过程中，我们得到了文物、考古界的广泛支持。何东先生在出版经费上给予了热情帮助。在此，一并深表感谢。

2000 年 6 月于北京

# 目　　录

# 插 图 目 录

前言

从 1921 年起延续至今的周口店北京直立人（俗称"北京人"）遗址发掘与研究，是 20 世纪中国以至世界考古学的重大事件之一。它涉及的学科除了考古学和人类学之外，还有地质学、地理学、古生物学、同位素年代学、古地磁地层学等众多自然科学门类，起点甚高。而且，从一开始它就以一个国际合作项目的架构出现，为世人所瞩目。因此，无论从时间还是空间来说，周口店工作都是一件发生在 20 世纪的具有广泛而深远影响的大事。这也许是它被列入 1961 年国务院公布的第一批全国重点文物保护单位，后来在 1987 年又入选联合国教科文组织公布的中国第一批世界文化遗产名录的部分原因吧！

周口店是中国旧石器时代考古学、古人类学和第四纪地质学的发祥地。早年主持和参加发掘与研究工作的杨钟健、裴文中和贾兰坡三位院士的一生与周口店事业紧紧地联系一起。新中国成立以后，周口店又成为培养全国旧石器时代考古学、古人类学和古脊椎动物学工作骨干的"黄埔军校"。今天的中国科学院古脊椎动物与古人类研究所，就是在当年为了实施周口店项目而于 1929 年正式建立的专门研究机构——中国地质调查所新生代研究室的基础上发展起来的。中国不是世界上唯一拥有类似周口店第 1 地点的早期人类遗址的第三世界国家，但是，还没有第二个在学科设置、人才培养和机构稳定性以及依靠自身力量深深扎根本土方面能与中国周口店媲美的例子。

周口店遗址有一段"来去匆匆"的既令人兴奋而又令人心酸的经历。20世纪初年，当学术界还在为爪哇直立人（俗称"爪哇人"）是猿是人而争论不休的时候，"北京人"横空出世，在当时人们未曾料想到的、离开赤道热带那么遥远的温带突然亮相。这个"炸弹爆炸"似的科学发现令当年国际学术界惊喜万分，达尔文提出的从猿到人假说终于第一次有了无可争辩的实证。随后，在国内外一批有识之士和科学文化机构的热心支持下，周口店这个名不见经传的山区小镇迅速变成遐迩闻名的国际古人类学研究中心之一。然而，好景不长。1937年7月7日发生在遗址近旁的"卢沟桥事变"和日本帝国主义发动的全面侵华战争，使处于鼎盛期的周口店发掘无法继续。而且,，厄运还不止于此，1941年12月7日日军发动"珍珠港事变"前后，全部"北京人"化石和山顶洞人化石在为逃避被日寇掠夺而转移的过程中又不幸"失踪"。半个多世纪过去了，这批科学珍品尚未重见天日。科学家们和一切有良知的人们无不为之痛心疾首，坐卧不宁。"北京人"的"失踪"成了古人类学研究史上的"世纪大案"、"世纪悬案"。

在周口店80年的研究史上，曾发表过大量用中外文写作的研究报告和专著。然而，专门写"史"的著作却很少。1934年裴文中先生发表的《周口店洞穴采掘记》（《地质专报》乙种第七号）记录了早年的发掘工作，是专门为周口店而写的第一部史书，也是研究周口店的重要文献。新中国成立后，贾兰坡先生发表过几种介绍周口店工作的小册子。和裴老的书一样，这几本书内容翔实，语言生动，但可惜篇幅都略嫌小些。当然，裴、贾两位以当事人身份写作的这几部书本身的价值非同一般，因为它们既非单纯的回忆录，亦不同于一般学术著作，它们实际上已经成了周口店事业或"周口店文化"的重要组成部分。

20 世纪 60 年代。贾兰坡先生曾着手写一部比较完整的介绍周口店研究历史的书。可惜该书未及完稿即遭遇文化大革命。十年浩劫中，这部书稿被迫付之一炬。80 年代初我从周口店田野工作站调到古人类研究室。应贾先生之邀，我花费将近三年功夫，协助他重写并完成了以《周口店发掘记》为书名的回忆录。当时，该书是北京外文出版社约稿。日文版以《北京人匆匆来去》为书名由该社与日本经济新闻社合作，最先于 1984 年在日本出版。与此同时，天津科学技术出版社获得出版中文缩写本的权利，用书名《周口店发掘记》在天津出版。几年之后，由尹志琦先生翻译的英文版以《The Story of Peking Man》为书名于 1990 年由北京外文出版社与牛津大学出版社合作在海内外出版发行。其后，在一些热心朋友的帮助下，全书的中文繁体字版以《发现北京人》为书名于 1996 年由幼狮文化事业公司在台湾出版发行。这几个版本在海内外都有较好的反响，英文版还被西方一些大学选为学生学习中国古人类学的必读参考书。现在完成的这本小册子按照国家文物局《20 世纪中国文物考古发现与研究丛书》的编写宗旨，着重从科学研究的角度总结近一个世纪的周口店工作。我希望它能够成为一部既有别于专题研究报告，又有别于"史书"的有关周口店主要研究成果的一般性介绍与评述。

一 周口店遗址的发现与发掘

## （一）跨世纪的寻觅

### 1. "从猿到人"

19 世纪中叶，以英国著名生物学家达尔文（Charles Darwin）为代表的一批科学家提出生命进化学说，用来解释地球上姿态万千的生物界的现实和复杂生命形成的过程（图一）。进化论无疑是塑造世界的伟大思想之一，是人类智慧最耀眼的部分。它与长期以来禁锢人们思想的神创论彻底决裂，极大地推动了人类社会的进步。但是，对于"人是哪里来的？"这个和"上帝造人"的宗教宣传直接碰撞的敏感问题，达尔文在1859 年出版的《物种起源》（*The Origin of Species*）一书里未作正面回答，而只是十分含蓄地写道："关于人类的起源及其历史的问题将会明朗起来（light will be thrown on the origin of man and his history）"。到该书再版时，他也只是说这个问题已经"非常明朗了"而已。因为，教会势力当时仍十分强大。

人是一种以文化为特征的社会化动物。人会制作和使用工具，有发达的思维和用语言交流思想的能力，人还会用火而显示出具有一定的适应、以至控制自然的能力，等等。这些"文化"特征使人类把自己在动物界的地位提升到了其他动物无可比拟的程度。与其他动物不同，人类总是十分关心自己的

图一 达尔文

"身世"。从很早的时候起，人们就不时发问："我们从哪里来？"结果产生了世界上许多民族流传至今的神话和传说。它们又成为人类精神文化的重要组成部分。我国的古代文献也记录了许许多多这样的传说，如女娲补天和抟土造人，藏族流传的猴子变人，等等。在国外，讲上帝造人的《圣经》新旧约全书原本是一部伟大的文学作品，它记录了犹太民族的传说和历史。只是后来被宗教界用作工具，逐步强化书中上帝造人等迷信部分。

　　在达尔文《物种起源》一书出版不久，另一位著名英国生物学家赫胥黎（Thomas Henry Huxley）于 1863 年发表了《人类在自然界的位置》（*Evidences as to Man's Place in Nature*）一书，第一次系统地讨论了人类的起源和发展。他把人和猿类特别是黑猩猩和大猩猩作了许多解剖学上的比较之后，确定这两种猿类和人类的关系最为密切。他进而认为猿和人的进化过程极为相似，都遵循了同一规律。

　　1871 年，达尔文又一部重要著作《人类起源及性的选择》（*The Descent of Man and Selection in Relation to Sex*）出版。他在这部书里正式提出从猿到人的理论。他根据解剖学、胚胎学、退化器官等事实，证明人和其他脊椎动物一样具有共同的起源和共同的规律，提出人类和猿类的亲缘关系，推论人类是由某种古猿进化来的。他还认为非洲的大猩猩、黑猩猩同现代人类的亲缘最接近，因而推论人类的早期祖先曾生活于非洲大陆。因此，在某种意义上可以说是进化论将人从上帝的手里解救出来。然而，进化论者在当时只有间接证据而缺乏直接证据，即从不同时代的地层里发现的代表不同进化阶段的人类化石及其文化遗物。于是，这个任务落到了考古学家和人类学家的肩上。

## 2. 寻找"缺环"

　　达尔文根据非洲两种现生大猿——大猩猩和黑猩猩同人类的亲缘关系，主张非洲可能是人类的诞生地。和达尔文同时代的德国学者海卡尔（Ernst Haeckel）支持达尔文从猿到人的学说，但不赞成非洲是人类的诞生地（图二）。他在 1866 年出版的《有机体普通形态学》（*Generelle Morphologie der Organismen*）

图二　海卡尔

一书里面提出了著名的"缺环"（"missing link"）假说。这个假说以系统发生学的原理为根据，认为猿与人之间存在着谱系上的联系。海卡尔称这个尚待证实的中间环节为"缺环"。他说，"缺环"混合了人与猿的特性，可称之为"猿人"（*Pithe-canthropus*）。他进一步解释：那是一种模样似猿的人，但不会

图三　杜布瓦（圆圈标出者）在开往远东的军舰上

讲发音清晰的语言，所以又叫"不会说话的猿人"，拉丁文为
*Pithecanthropus alalus*。"缺环"之后便是"原始人"（*Homo
primigenius*）。海卡尔的看法当时被一些学术权威视为毫无根
据的臆测。然而，相信海卡尔假说的也大有人在。其中，包括
后来在科学探索上立下丰功伟绩的荷兰青年医生杜布瓦（Eu-
gene Dubois）。

　　杜布瓦在进化论思潮的激荡之下，又受到海卡尔主张人类
起源于亚洲观点的启示，毅然放弃大学解剖学讲师的优越工作
岗位和生活条件，告别亲人，于1887年以军医身份来到当时
荷兰的殖民地、今天的印度尼西亚（图三）。他寻觅活动的首
选地定在印尼第一大岛苏门答腊，原因是那里今日仍有猩猩生
存。在印尼语中，猩猩被称为"奥兰乌坦"（the Orang -
utan），即"林中人"的意思。杜布瓦一面行医，一面寻找"缺

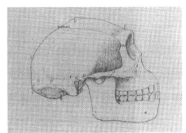

图四 "爪哇人"头骨照片及复原图

环"，但收获不大。1889 年他转到印尼另一大岛爪哇继续寻觅。果然，他在东爪哇图隆阿贡（Tulung Agung）的瓦贾克（Wajak）发现一个晚期智人头骨化石。这次发现尽管还不是他要找的"缺环"，但毕竟是人类化石，自然使他信心增加不少。1890 年在同一地点又发掘到第二个头骨。同年，他在克东布鲁布斯（Kedungbrubus）获得大量化石，包括一件后来被鉴定为直立人的下颌骨。1891 年，杜布瓦转到中爪哇梭罗河（the Solo）畔一个名叫特里尼尔（Trinil）的小村庄，终于在那里实现了他东方之行的夙愿。

特里尼尔的发掘从 8 月开始。发掘地点选在左岸边的冲积层。首先发现一枚臼齿，接着在同一位置发现一个似猿的头骨。当时在杜布瓦看来，他找到的是猩猩牙齿和一个"前人类人猿"（an anthropoid prefiguring man）头骨（图四）。次年 8 月，在与头骨相距大约 12 米的地方发现了一根股骨（图五）。它和现代人股骨非常接近。此时，杜布瓦再也抑制不住内心的激动，宣布"缺环"已经找到了！他说的"缺环"就是我们今天熟悉的"直立猿人"（Pithecanthropus erectus），俗称"爪哇人"。起初，杜布瓦在一家不出名的矿物杂志上发表

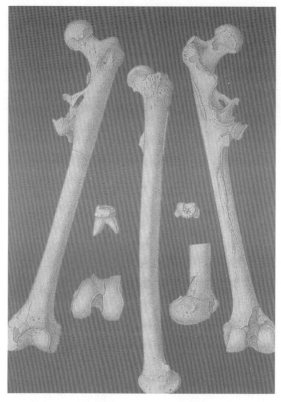

图五 "爪哇人"股骨

报告。1894年他出版了一本名叫《直立猿人》（*Pithecanthropus erectus*）的小册子。在书里，他把特里尼尔的头骨和黑猩猩头骨进行测量比较。他认为特里尼尔的发现代表一个新的属，一个处于猿和人之间、但向人倾斜的过渡类型，是现代人的先驱。

　　1895年，杜布瓦在欧洲一次科学大会上报告他在爪哇的发现和研究结论。然而，出乎他意料之外的是，他的发现不仅没有被科学界接受，还受到社会舆论的种种非议。学术权威微耳和（Virchow）等科学家认为特里尼尔的头骨根本不是人的。还有一些科学家质疑头骨、股骨和臼齿是不是属于同一个体，或出自同一层位。当然，也有人支持杜布瓦的判断。例如，马诺弗列耶（Leonce Manouvrier）在1895年巴黎人类学会上指出，特里尼尔的标本属于一个人与类人猿之间的生物，可能是人类的先驱，也可能是人类的直接祖先。随后几年，围绕特里尼尔化石是人是猿，或是猿与人的过渡类型的争论愈演愈烈。来自科学界之外的奇谈怪论、冷嘲热讽和恶意中伤亦接踵而至。例如，有人说杜布瓦带回来的是一个"白痴"或"畸形人"头骨，甚至有人胡诌特里尼尔的发现只不过是一种虚无缥缈的"幻觉"而已，等等。

在这种情况下，处于论战中心的杜布瓦吃不消了。他步步为营，三缄其口，最后索性把化石带回家乡，装箱埋入地下。直到1923年，在荷兰科学院院长奥斯本（Henry Osborn）出面劝说下，美国人类学家赫德利卡（Ales Hrdlicka）才得以一睹"爪哇人"的"芳容"。尤其令人惋惜的是，杜布瓦在20世纪20年代发表文章公开放弃原先的结论而接受微耳和的观点，承认特里尼尔化石属于一种大的长臂猿，与人的谱系无关。这种立场一直维持到1940年他逝世前。

杜布瓦和"爪哇人"的遭遇是科学史上一再重演的悲剧。对此，美国著名人类学家豪厄尔（Clark Howell）在《原始人》（*Early Man*）一书里有一段很精彩的评述："有一点对杜布瓦不利，就是他出生稍嫌太早。而这在他是绝对无可奈何的。有时候，世界尚未准备好来接受某种新的发现。如果再迟30年，杜布瓦的命运也许会完全不同。另外，他又不幸而选择在印度尼西亚工作。那里的地质特点几乎不被人们所知。因此,别的科学家对他的工作表示怀疑也是很自然的事了。"豪厄尔在这里用作对比的 30 年后的发现就是将要在下面介绍的周口店"北京人"的故事。

### 3. 邂逅圣地

20 世纪初,不少西方学者根据晚第三纪(现在,"晚第三纪"又被改译为"新近纪",而"老第三纪"被译为"古近纪")以来全球环境变化的种种事实,推论中亚这块今日荒凉贫瘠的广阔原野在历史上不仅曾经充当过哺乳动物进化的舞台,而且也很可能是孕育人类的"伊甸园"和最古老的人类石器工业的巨大的扩散中心。奥斯本、马修(William Matthew)、布勒(Marcellin Boule)和葛利普(Amadeus Grabau)等西方著名学者都力主这个学说。美国地质学家葛利普在晚年写作的《我们生活的世界》(*The World We Live In*)一书里,详细论述了欧洲冰期对东亚气候的影响、喜马拉雅山和青藏高原隆起与中亚干旱化造就人类起源中心的过程。他说,亚洲东部今天残存与人类关系密切的类人猿,又发现了古老的"爪哇人",而差不多同时,"曙人"(又叫皮尔唐人,其"化石"在 20 世纪 50 年代初被科学界揭露实际上是一个骗局)在英国和"海德堡人"(又叫"摩尔人")在德国生活。这些早期人类从中亚高原出发,各自向东、向东南和向西迁移了差不多一样远而到达它们后来定居的地方。因此,中亚高原的某个地方看来很可能是上述早期人类的共同分化中心。

正是在上述假说的推动之下,一些西方国家纷纷派出考察团到亚洲来。其中,美国于 1921 年派出了由"化石猎手"安德鲁(Roy Chapman Andrews)领导的、阵营强大的纽约自然博物馆亚洲考察团奔赴蒙古高原，在戈壁滩上"摸爬滚打"了整整十年，发现了极其重要而丰富的动物化石。这个考察团的活动范围也扩大到中国西南的青藏高原外围地区。在那里，美国人虽然当时未能找到早期人类活动的理想证据，但却为日后的工作奠定基础。例如，他们考察过的元谋盆地和长江三峡地区今天已经成为寻觅早期人类遗迹的热点。法国也不甘示弱。1923 年巴黎自然博物馆在法国科学院和公共教育部的共同支持下，派出著名古生物学家德日进（P. Teilhard de Chardin）加盟法国博物学家、天津北疆博物院（天津自然博物馆的前身）创始人桑志华（Emile Licent）从 1914 年开始的以中国中部黄土高原为重点的十年考察活动。著名古生物学家布勒和史前学权威步日耶（Henri Breuil）后来也加入研究工作。法国人不仅发现一批中国境内首次报道的旧石器遗址和人类化石，包括内蒙古萨拉乌苏和宁夏水洞沟，还建立了两个华北第四纪地层标准剖面——早更新世的泥河湾层和晚更新世的萨拉乌苏层。这些工作极大地推动了中国新生代研究，包括地层、古生物、古人类和旧石器研究。

　　差不多同时，瑞典著名地质学家安特生（Johan Andersson）的考察导致一项更具历史意义的发现（图六）。1914 年，时任瑞典地质调查所所长的安特生受聘于中国政府，来北京任农商部矿政顾问，协助开发煤田和其他矿产调查。至 1924 年回国，他在华工作了整整十年。安特生学识渊博，爱好广泛，不但是一位享有盛誉的学者，还是一位出色的探险家和科学考察组织者，担任过南极考察项目的领导人。用他自己的话说，他在华的十年是以一个"采矿专家、化石采集家和考古学家"的身份度过的。平时，除了务"正业"之外，他在寻找化石和

图六 安特生

图七　早年周口店鸟瞰

考古线索上也花费了不少精力。1918 年 2 月的一天，安特生偶然遇见一位在北京大学教化学的朋友吉布（J. MeGregor Gibb）。未及多谈，吉布即向他出示一包裹着红土的碎骨，说是刚刚从郊区周口店一个叫鸡骨山的地方采集来的，还说那一带充填有类似堆积物的洞穴、裂隙很普遍。这个线索引起安特生的兴趣，于是他于 3 月 22 日专程到鸡骨山考察了两天。

　　周口店是位于山区与平原的衔接线上一个很普通的中国北方乡村小镇。它的西面和北面是山峦重叠的太行山山脉，东面和南面是一望无边的华北大平原（图七）。当年，从周口店到东北面的北京城区虽然只有 50 公里，但没有直达的公路。从城里出发，先乘火车走平汉铁路（今京广铁路）在琉璃河站下车，再换乘铁路支线到周口店，或者干脆骑小毛驴代步。20 世纪 50 年代初国家还处于百废待兴的时候，成立不久的人民政

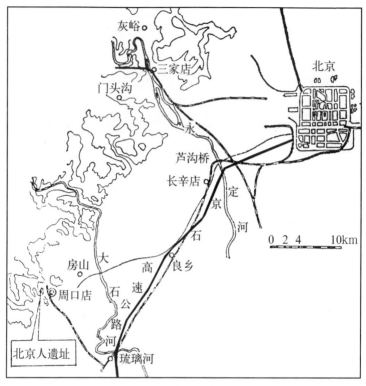

图八 周口店地理位置略图

府即斥资修建了从广安门直达周口店遗址的公路，以后又几经改建和拓宽。而今，一条从首都通向南方的高速公路就在周口店东面不远处经过（图八）。安特生到达周口店后，很快就在周口店火车站南面约2公里处找到鸡骨山。它其实是濒临平原的一座石灰岩小残丘。吉布交给他的化石就是从它上面一条裂隙里的深红色砂质黏土中发现的。这些化石多半属于啮齿类或鸟类，骨头细小，当地老百姓误以为是鸡骨，这座小山也就被叫做鸡骨山。安特生在这里作了小规模发掘，发现两种啮齿类和一种食肉类化石，但未找到他感兴趣的人类化石。

1921年初夏，刚刚获得博士学位的年轻奥地利古生物学家师丹斯基（Otto Zdansky）来华协助安特生考察河南三趾马动物群化石。为了让师丹斯基尽早适应中国的工作环境，安特生特地安排他先去发掘鸡骨山。正巧8月间美国纽约自然博物馆亚洲考察团首席古生物学家葛兰阶（Walter Granger）路过北京，安特生便邀请他一起去周口店看望师丹斯基，传授美国发掘工作的先进经验。事前谁也未曾料到，"北京人洞穴之家"就是在这次临时安排的访问中被叩开山门（图九）。下面引述安特生在1932年出版的《黄土的儿女》（Children of the Yellow Earth：Studies in Prehistoric China）一书里的回忆：

> 正当我们发掘（鸡骨山）的时候，一位老乡走过来先打量我们一下后说："在这儿再采下去没有什么用。离这儿不远有一个地方，你们在那儿可以挖到更大更好的龙骨"。

> 我深知要在中国寻访龙骨，绝对不能轻易放过任何线索。于是我向那位老乡作进一步了解。他所介绍的情况看来可信。我们立即收拾工具，跟随他向北面一座石灰岩小山头走去。新的化石地点位于一个被遗弃的采石场之中。它在周口店火车站以西150米，位置比铁路要高。当走到一面朝北的高约10米、几乎直立的岩墙跟前时，那位老乡指给我们一条填满堆积物的裂隙看。堆积物由石灰岩碎块、砂土和大动物的碎骨组成，被石灰岩溶液胶结在一起。我们在那里搜索不大一会儿就发现一件猪的下颌骨，证明我们来到一处比鸡骨山希望大得多的化石地点。当天傍晚，我们返回住地时心里满怀希望，好像一项重大发现

图九　试掘龙骨山

右侧为师丹斯基，正中叉腰者为葛兰阶，摄于1921年

已经在向我们招手。

　　晚上，葛兰阶坐下来反复琢磨他找到的一件下颌骨。尽管上面的牙齿已经缺失，但我们推测它是一种鹿的。如果这位博士不是一位既热情又有远见的古生物学家的话，

他一定会笑话我的。因为这件奇怪的下颌骨增厚得如此厉害，以至它的横切面几乎呈圆形而与一般鹿类相差甚远。1918年晚秋，我碰巧在北京北面的怀来平原的红色土地层中发掘到几件这样的下颌骨。由于它们保存了完好的牙齿，使我确信我遇到一种下颌骨骨质增厚现象（专家称之为"骨质增生"）极端发育的鹿。

次日，阳光普照。我们沿着一条直路从下榻的小庙向那处名叫老牛沟的新地点漫步走去。这个地点终归有一天会变成考察人类历史最神圣的朝圣地之一。

这一天的收获出乎意料。不仅发现前面提到的那种下颌异常厚的鹿（后来中国古生物学家杨钟健将它命名为"肿骨鹿"），同时还有犀牛、鬣狗和熊等多种动物化石。特别值得一提的是，堆积层里露出的几块白色石英碎片引起了安特生的注意。石英是一种十分坚硬的矿物，它的锋利刃缘在切割东西时效果不在刀子之下。在周口店一带，石英是石炭二叠纪砂页岩地层里的一种脉岩，不应出现在石灰岩地层里。然而，是什么力量将它们从山沟对面的砂页岩山头搬到现在的石灰岩洞穴里来的呢？安特生想到了早期人类。于是，他一面轻拍岩墙，一面若有所思地对师丹斯基说："我有一种预感，我们祖先的遗骸就躺在这里。现在要做的唯一的一件事就是去发现它。希望你好好发掘，不必心急。必要时请你把这个洞穴一直挖空为止"。

事实上，安特生的预言很快应验了。就在安特生和葛兰阶从周口店返回北京城里不久，师丹斯基挖到一颗很有意思的牙齿。虽然它的牙冠几乎全磨掉了，但牙根保存尚好。师丹斯基当时判断它是第三臼齿，属于类人猿。1926年夏天，他在瑞典

图一〇　最早发现的三颗北京人牙齿化石

乌普萨拉大学维曼教授的实验室整理从周口店运去的发掘材料时又发现一颗前臼齿。尽管牙根已经残缺，但这颗牙齿的牙冠丝毫未磨损过。1927 年，师丹斯基发表报告，将两颗牙齿鉴定为"人属？"（？*Homo*）。之所以加上问号，是因为毕竟材料不足，他觉得还是留点余地为好。

　　这里附带说明一下。1977 年 9 月 27 日，乌普萨拉大学博物馆馆长马丁森（A. Martisson）教授访问周口店时，告诉当时主持周口店田野工作站工作的黄慰文说，师丹斯基在 1950 年又从保存在乌普萨拉的周口店化石里认出一颗人的第二下前臼齿，并在《动物学杂志》1952 年第 33 卷上以《新发现的中国猿人牙齿》为题的报告里披露了这一发现。因此，早年在周口店发掘到的"北京人"牙齿化石实际上一共三颗（图一〇）。它们现在仍收藏在乌普萨拉大学的博物馆里。

师丹斯基于 1921 年对周口店作首次发掘之后，1923 年曾发表一个初步报告，谈到发现的哺乳动物化石有犀牛、野猪、鹿、水牛、鬣狗、剑齿虎和一些啮齿类、食虫类小动物等。此外还有鸟类碎骨。报告没有提及那颗还把握不准的臼齿，但是明确指出堆积物里存在石英碎片。它们是安特生将这处堆积判断为早期人类遗址的重要根据。就在这一年，师丹斯基对周口店进行第二次发掘。不久，他携带标本回到欧洲。从 1924 年 1 月起在维曼实验室里着手室内整理研究，1927 年发表上述关于两颗人牙的初步报告[1]。

## （二）开局顺利

### 1. 最初的两颗人牙

有关档案显示，1926 年 9 月底或 10 月初，师丹斯基从周口店标本中认出两颗人牙的消息传到北京，并由安特生在 10 月 22 日中国地质调查所、北京自然历史学会和北京协和医学院等学术团体联合举行的欢迎来华访问的瑞典皇太子忧俪的会议上公之于世。选择这个时机宣布发现人牙的消息，主要是考虑争取经费支持。皇太子即后来继位的国王古斯塔夫斯六世（Gustavus VI）热心科学考察事业，对东方考古与艺术尤感兴趣。同时，他当时是瑞典科学研究委员会主席，安特生在华从事古生物和考古调查的经费就是由这个机构所提供。

出席这次欢迎会的有历史学家梁启超、中国地质调查所所长翁文灏、北京协和医学院解剖科主任步达生（Davidson Black）和前面已经提到的安特生、德日进和葛利普等学术界名流。与会者希望皇太子的到来能够促成拟议中的系统发掘周口店的计划。欢迎会下午在协和医学院礼堂举行。在翁文灏（图一）致欢迎词后，梁启超介绍中国考古学，德日进介绍他和桑志华的鄂尔多斯之行。接着，由安特生报告他在华的古生物和考古考察收获。他在发言里着重介绍周口店的两颗人牙。下面是会前步达生提供给他并于随后发表的一篇论文的摘录：

所发现的牙齿之中有一颗是右上白齿（大概是第三白齿）。从照片上看，尚未磨损的齿冠（原文如此——本书作者注）所显示的特征本质上是属于人的。……另一颗大概是靠前的下前白齿。它仅保存未磨损的齿冠。从照片上看，它的特征好像是双尖齿……

周口店的白齿，在特征上与哈贝尔（Haberer）购自北京一家中药店并于1903年由施洛塞尔（Schosser）描述的那件标本相似。哈贝尔购到的是一颗左上第三白齿。齿冠严重磨损，齿根合并。施洛塞尔根据它的石化程度，认为它在时代上完全可能属于第三纪，暂时将它放在"人属？"或"类人猿？"。施洛塞尔指出，未来的调查者可以指望在中国找到新的化石类人猿、第三纪人或古老的更新世人。周口店的发现对于这个预言作出了肯定的回答。

现在已经比较清楚，第三纪末或第四纪初的时候，在亚洲东部确实存在过人类或者和人类关系十分密切的类人猿……周口店的发现给人类起源于中亚的假说一个很有力的证据，在（从猿到人）链环中又增加了重要的一环。

步达生这篇文章后来刊登在1926年《中国地质学会志》第5卷第3~4期和同年11月在英国出版的《自然》杂志上。它给学术与舆论界造成的积极影响之一，是促成了系统开挖周

图一一 翁文灏

口店计划的落实。当然，和科学史上许多重要发现一样，当时北京和天津学术界对周口店的发现也存在不同看法。例如，德日进在欢迎会过后两天曾给安特生送去一张便条，上面写道：

> 我已仔细看过承蒙你好意送来的照片。我觉得要是我对你隐瞒自己的想法是不对的，也是不友好的。
>
> 说实在话，我并不完全相信那两颗牙齿具有那种假设的人的性质的说法。甚至被假定为前臼齿的那颗无牙根的标本，虽然乍看起来似乎十分可信，但却可能是某种食肉类的最后臼齿。另一颗的情况也一样，除非齿根的数目是清清楚楚的四个。
>
> 即使永远无法证明周口店的牙齿属于食肉类的（但愿如此），我还是担心也永远无法绝对证实它们属于人类。由于它们的性质不确定，十分的慎重是必要的。
>
> 然而，我始终未见到标本。同时，由于我对师丹斯基在古生物学上的经验寄予极大的信任，因此，我真诚地希望我的批评将被证明是无根据的。

葛利普也在怀疑派之列。据安特生回忆，有一次葛利普大声质问他："喂，安特生博士，北京人到底是怎么回事儿？它是人还是食肉类动物？"安特生回敬说："我敬爱的葛利普博士，来自周口店的最新消息是，我们的老朋友既不是一位男士，也不是食肉类动物，而是走在两者（猿与人——本书作者注）之间半路上的某一阶段的代表，而且还是一位女士呢！"在这里，安特生针对葛利普使用英语的"man"（男人）而幽默地回敬以"lady"（女士）。这次谈话以后的几个月里，"北京女士"（Peking lady）竟成了周口店那项重大发现的代名词。

在此值得指出的是，德日进也好，葛利普也好，他们都是抱着负责、严谨的态度发表意见的。学术上的讨论并不影响他们关于周口店遗址重要性的评价，亦未妨碍系统发掘周口店计划的筹备工作。事实上，德日进很快就成为周口店项目的顾问和合作研究者，是在后来组建中国地质调查所新生代研究室（为领导周口店发掘与研究工作而于1929年正式成立的专门机构）过程中发挥了关键作用的人物之一。而葛利普，这位中国地质、地理学界的杰出园丁，就是后来给周口店直立人起俗名"北京人"（Peking man）的人。正是这个俗名使发现北京直立人化石的消息迅速传遍世界，"北京人"作为早期人类的代表从此广为人知。

**2. 筹备工作紧锣密鼓**

发现人牙的消息传到北京后，京津两地一批热心于古人类学事业的科学家就为推动系统发掘周口店而忙开了。他们当中，步达生发挥了关键作用（图一二）。步达生（1884～1934）出身于加拿大名门望族，正好和中国人民热爱的白求恩大夫是来自多伦多的同乡。其实，步达生本人就是中国古人类学事业的白求恩。他不但学识渊博，而且人品优秀。他对中国人民十分友好，尊重共事的中国科学家。周口店发现人牙化石后，经他多方奔走，终于在1926年冬争取到各个方面的理解和支持，促进了由中国地质调查所和北京协和医学院出面、美国洛克菲勒基金会提供资助的国际合作项目。发掘工作正式开始后，他在承担医学院解剖科主任工作的同时，以极大的热情和惊人的毅力投入周口店发掘项目的草创工作。从制订计划、安排野外工作人员食宿、购置发掘装备以至标本运回医学院后与院方交涉放置地点等，无不亲自操持、过问，倾注大量心血。此外，他又承担人类化石的研究工作。他是北京直立人

图一二　步达生和他的同事们

左起：裴文中、王恒升、王恭睦、杨钟健、步林、步达生、德日进、巴尔博，
1928 年摄于刘珍店

化石学名的命名人。他每天的工作都安排得满满的。他每天的
安排往往是：白天应付种种行政事务，晚上在办公室里关起门
来潜心研究和写作。他患有先天性心脏病，超负荷的工作终于
击倒这位不可多得的科学英才。1934 年 3 月 14 日黄昏，步达
生和他的中国同事杨钟健在办公室里交谈至深夜。杨离开后，
他像往常一样关起门伏案工作。然而，次日早上，人们发现这
位备受中国同事爱戴，被著名中国地质学家、原中国地质调查
所所长丁文江誉为一位"完全忘记他自己国籍或种族的人"
的加拿大科学家的心脏已停止跳动。在他面前的办公桌上，摆
放着他再也没有机会研究的北京人化石。

前面提到，1918 ~ 1923 年周口店的考察经费是瑞典方面

资助的。皇太子1926年10月访问协和医学院时，最初商定下一步发掘经费由瑞典和美国分摊。后经步达生多方努力并与翁文灏反复协商之后，最终决定由中国地质调查所与北京协和医学院合作，洛克菲勒基金会（通过 协和医学院洛克菲勒医学教育基金）承担经费的主要部分，地质调查所补贴余下部分。在协商过程中，花精力最多的是双方拟定一份合作计划的协议。这是一份关于周口店工作的关键性文件，是翁文灏和步达生反复谈判的成果。以前很少有人看过这份文件。据贾兰坡说，他从未见过这份文件。他估计裴文中也未看见过。20世纪80年代初黄慰文为了协助贾兰坡写《周口店发掘记》而查阅新生代研究室档案时，终于从大量文件中发现了它的英文打字稿副本。下面是该文件的中文译文：

中国地质调查所与北京协和医学院关于合作研究华北第三纪及第四纪堆积物的协议书

第一款　设立华北第三纪及第四纪化石堆积物研究基金。由洛克菲勒基金会赠与2.4万美元作为至1929年12月31日为止的两年期间的研究专款。中国地质调查所将从它的研究经费中拨出4000元以补贴这一时期的费用。本项目的一切开销得提请合作双方的负责人批准。本合作项目的宗旨，是寻找和研究早期人类化石和同时代的动物化石，但与晚期文化的研究，尤其是历史时期的文物无关。在考察过程中意外发现历史时期不管何种文物，将交给适当的中国博物馆。

第二款　北京协和医学院解剖科主任步达生博士在双方指定的其他专家协助之下负责野外工作。二至三名受聘并隶属于地质调查所的古生物学家专门负责与本项目有关的古生物研究工作。此外，双方应以其现有的人员给予本项目以任何必要的援助。

第三款　一切采集到的标本悉归中国地质调查所所有。但人类学材料在不运出中国的前提下，由北京协和医学院保管以供研究之用。

第四款　一切研究成果均在《中国古生物志》或中国地质调查所其他刊物以及在中国地质学会的出版物上发表。

在这份一共两页的文件的第一页右上角，步达生用英文写上"由翁文灏起草"一行铅笔字和"1927年2月14日"一行钢笔字。在第二页第四款的文字之后，用铅笔提出一些修改意见。这些意见后来在正式签订的协议里被采纳了。它们是在原条文"一切研究成果均在《中国古生物志》或中国地质调查所其他刊物以及在中国地质学会的出版物上发表"之外，对人类化石的研究成果依步达生的请求作了例外处理。但标本所有权和保管办法不变。

这是一份好协议书。它既充分考虑到基础科学研究的特点，使合作研究能够在宽松的环境下正常开展，同时又维护了中国的权益特别是拥有对化石的所有权和在国内刊物上发表研究成果的优先权。正是因为有了这样一份好的协议书作为基础，加上翁文灏、步达生等主持人的良好合作精神和相互信任、相互尊重，周口店项目成为20世纪早期众多中外合作科学考察项目中最为成功、同时也是为数不多的能够坚持下来的一个。即使在今天看来，它也是中外合作的一个不可多得的典范。

**3. 成立专门研究机构**

还在发现人牙的消息传到北京之前的 1925 年春天，和中国地质调查所有多年合作经历的步达生已经在考虑成立一个专门的人类学研究机构了。下面，不妨摘录他于 1926 年 10 月 16 日给翁文灏的信：

> 洛克菲勒基金会研究部已经初步考虑设立一个专门研究各时期的体质人类学的研究机构的可能性……（这个机构）应完全致力于野外和室内两方面的研究工作以及培训合格的研究人员。研究范围可以初步概括为三项：（1）人的系统发育（古人类学）；（2）人的个体发生（胚胎学）；（3）现代人的体质人类学（形态学和生理学）。

> 去年春天最初谈到这个研究机构的设想时，洛克菲勒基金会研究部主任埃德温·恩布里先生曾经指出：在提出任何计划之前，基金会首先必须得到保证，即了解所提建议已经为中国科学家所接受。……你后来在上周六敏锐地指出：拟议的研究机构将会很好地帮助地质调查所发展自己的计划，因为它是定位为调查所的"古人类研究机构"来运作的。当时我没有想到要提出像你这样的看法。那时我认为加强现代体质人类学的野外工作有更紧迫的需要。因为这是丁文江博士（时任地质调查所所长——本书作者注）的一桩心事，也因为我知道他正在组织一个新的北京动物研究所。于是我抓紧机会写信给他，扼要地介绍我的构想。我问他在他看来，这样的计划是否行得通？能否得到中国科学家的合作和支持？丁博士答复说，尽管他不能代表别人说话，但他确信我将会得到他全体关心科学研究的同胞们的衷心支持。

直到9月间胡恒德博士（Henry Houghton，协和医学院行政负责人——本书作者注）抵达中国，我终于有机会和他讨论这项计划的可行性，但对研究所的建议则仍停留在朦胧状态之中。现在从周口店材料中确实发现人类化石的好消息，对我们提议进一步研究周口店遗址作为发展这个研究机构计划的核心部分而言，无疑是一个必要的额外动力。

两天后，即10月18日，翁文灏给步达生写了一封回信。信里除了关于即将开始的周口店发掘的人事、材料保管、研究成果发表等具体安排外，也谈到成立专门研究机构的事：

关于建立体质人类学研究机构问题：这确实是一个壮观的方案。我非常感谢您赞同这种想法，即这样一个体质人类学研究机构可以成为地质调查所本身从事博物馆和古人类学领域研究工作的一个组成部分。就此而论，我们已经谈到让这个拟议的研究机构管理河南、奉天（今辽宁——本书作者注）和甘肃的丰富的骨骼材料的可能性。这批材料是安特生博士的采集品。根据同他的协定，这些材料完全归地质调查所所有。虽然调查所已经有它感兴趣的另外的博物馆方案，不过在明确的约定之前，我也想将建立体质人类学研究机构的问题提交丁文江博士。正如您可以确信的那样，除了大概会提出一些建议之外，他对于您的方案会给予最热心的支持的。

我希望我已经把我们的确切立场讲清楚了，尽管调查所的任何承诺须得到部长的特别授权才可作出，然而我想，在这样的科学事务上，我可以用调查所的名义说话，并且真诚地希望，我们的合作计划将会很快变为现实。

上述信件表明，新生代研究室酝酿于1925年春，而"新生代研究室"几个字在1927年春已经开始出现在一些有关周口店的文件上了。这些都发生在签订合作发掘周口店协议书之前。当然，周口店发掘计划的实行无疑是促成这个机构最终正式建立的关键。正是因为有了1927年开始的系统发掘，才有成立一个主持这项业务的专门研究机构的紧迫性，也有成立这个专门机构的经费和专家。根据现存档案，人们原先估计周口店遗址堆积规模不会太大，洛克菲勒基金会也只提供两年的经费，1929年年底到期。但是，经过一年发掘，人们发现堆积物的体积远远超出原来的估计，短期内根本不可能挖完。另外，遗址内涵之丰富、问题之复杂也超出原来想象。主持研究工作的科学家们认识到不能把目光局限在周口店，而要将视野扩大到邻近地区，否则无法比较圆满地回答周口店发掘中提出来的地质学、古生物学和环境变迁等方面的问题。于是，步达生从1928年冬起与翁文灏、丁文江频频磋商，考虑用一个新的、内容更加广泛的合作计划取代即将到期的周口店计划。同时，为执行计划需要成立一个专门机构，即新生代研究室。新计划和周口店计划一样，中国地质调查所和北京协和医学院为合作双方，经费主要由洛克菲勒基金会提供，而新生代研究室作为一个特别部门在行政上隶属于中国地质调查所。经过努力新生代研究室终于在1929年春正式成立了。

回顾历史，20世纪上半叶中外合作的学术考察项目不少，但几乎不是有名无实（指合作而言）就是双方在半途不欢而散。但是，周口店项目却获得巨大成功。究其原因，首先是合作建立在共同目标和正确原则之上；其次，双方人员在工作中相互尊重、坦诚相待，能正确处理有关合作过程中临时出现的各种问题。作为建立周口店项目的关键人物，我们在前面已提到步达生一些表现。下面谈谈中方领导人。翁文灏在为裴文中《周口店洞穴采掘记》一书（1934 年出版）所作的序里面有下列一些话：

> 周口店化石先由瑞典及奥国学者用心认识，继由美国罗氏基金会出资提倡，再由英法二国学者相助研究，费了许多经费才成区区事业。自从民国十六年以来地质调查所主持其事，于欢迎科学合作之中，力持中国主权，凡所采集不论巨细皆归本所所有，留在中国，重要论文，皆由本所或中国地质学会出版。倘非如此开诚合作，我们岂能在短时间内成此巨功？

> 但是我要附带声明的，一方面中国学者对于研究工作自应放胆的奋勇向前，不可高谈原则，束手无为，另一方面也要承认我们发起在后，进步已迟，尤其在物质科学中，必须与外国先进学者虚心合作，用力追随。

翁文灏倡导的上述原则精神对今天开展国际学术交流与合作仍有指导意义。

另外，当年步达生、丁文江和翁文灏决心将新生代研究室办成一个"真正的中国机构"是一项英明和具有深远意义的决策。事实不仅证明，这样一个机构是当时周口店发掘与研究工作能够顺利开展并取得举世瞩目的累累硕果的组织保证；还证明，如果没有这个真正的中国机构，这门学科就不可能在中国的大地上扎根。这个机构由于有杨钟健这样的中方领导人和培养出像裴文中、贾兰坡这样的专家以及一批熟练的技工而成了古人类学（包括旧石器考古学）、古脊椎动物学和第四纪地质学在中国的根。1937 年"卢沟桥事变"后，杨钟健率研究室主要人员离开北平经天津、香港、长沙等地撤退大西南后方昆明，最后落脚重庆北碚，抗战胜利后才迁回来。新生代研究室在战乱的颠沛留离中不仅没有解体，而且在撤退途中（如湖南长沙）和在大西南后方坚持考察并取得重要成果。1949年春北平和平解放后，在人民政府的关怀下，新生代研究室迅速获得新生并着手恢复周口店发掘。1953年4月研究室改组为古脊椎动物研究室，转入中国科学院直属院部领导，杨钟健出任研究室主任。1957年9月1日研究室扩大为研究所，1959年起改称古脊椎动物与古人类研究所，杨钟健任所长。目前，研究所已经成为具有广泛影响的国际古脊椎动物与古人类学研究中心之一。

## （三）系统发掘

### 1. 正式发掘开始

周口店的系统发掘从1927年春开始，整个计划由步达生主持。派去工作的主要人员共四人：地质调查所的地质学家李捷，担任周口店野外工作事务主任，并负责测绘地图和地质地貌调查；由维曼教授推荐来的瑞典古生物学家步林（Anders Birger Bohlin）担任古生物学研究和指导发掘；向葛兰阶临时借用的技工刘德霖，曾参加过两年美国中亚考察团工作，来周口店协助步林指导发掘和室内修理工作；步达生的办事员谢仁甫，做刘德霖的助手。此外，步达生还把自己的炊事员派来照顾步林的生活。当时，山上还没有自己的住处。步林和李捷只好把"家"安顿在离遗址200米远、坐落在小河右岸的"刘珍店"。它是一处由九间房组成的土顶土墙结构的小"骆驼店"，平时供过往运煤和石灰的工人使用。1931年春在西山头北坡上建立地质调查所办事处，秋天迁入。它是一座集办公、住室、客房、化石堆放室和厨房于一体的平房建筑。至此，在周口店发掘的人们总算有了自己的"家"。

　　野外工作从3月27日开始，由李捷带领民工测绘遗址和邻近地区比例尺为1：2000的地形图。4月中旬其他三位来到周口店，16日正式开始发掘，地点选在整个堆积的中段，大致在北裂隙（今天从山上到洞内发掘区的入口）西侧。发掘区东西长17米，南北宽14米。向下挖后缩小为16.2×12.3平方米。当初，遗址所在地在当地叫老牛沟，在安特生的野外记录里编号为"第53地点"，李捷和步林接手后称为"第1号洞"。后来，德日进和杨钟健在1929年发表的报告里首先使用"周口店第1地点"的名称，这一名称一直保持至今。这个带有明显的古生物学特色的名称，与带有考古学特色的"周口店遗址"（或北京人遗址）的名称都是这个遗址的正式名称。"龙骨山"则是发掘开始后当地百姓给遗址起的俗名。实际上，它专指遗址所在的东山头，不包括与它组成马鞍形连体石灰岩山丘的西山头（图一三、一四）。

　　发掘从清除地面乱石堆和悬崖陡壁上的危石开始，然后发掘未受扰乱的原生堆积层。按步达生最初估计，整个发掘工作可望在两个月内、甚至6周内结束。但是过不了多久，人们意识到无论是堆积物的体积、内容还是工作难度，都远远超出原来的想象。到10月18日本年度野外工作结束的24周里，发掘深度将近20米，清除堆积物约3000立方米，获化石500箱左右。其中，在10月16日，即工作结束前3天，在当年师丹斯基发现第一颗人牙化石附近，步林又找到一颗完好的人牙化

图一三 昔日的龙骨山

图一四 周口店第 1 地点素描图

（巴尔博作，据 Black *et al.*，1933 年）

石。步达生详细描述了这颗新发现的牙齿之后，建立一个新属新种 *Sinanthropus pekinensis*，中译"中国猿人北京种"，简称"中国猿人"或"北京猿人"。论文在 1927 年 12 月的《中国古生物志》丁种第 1 册上发表，题目为《周口店堆积中一个人科下臼齿》[2]。这篇英文论文后附有中国人类学前辈李济的中文节译。英文报告连同中文译文并不长，但因为是给北京人命名的报告而成为周口店研究文献中的经典之作。

1928 年周口店工作由翁文灏和协和医学院的福顿（A. B. D. Fortuyn）主持。因为步达生为了周口店项目于 1927 年年底回加拿大，然后又去美国和英国活动，有大半年时间不在中国。另外，李捷和刘德霖也于 1928 年离开北京。这样，周口店的工作班子有了新的调整。除了步林，增加了杨钟健和裴文中两位新人。杨在北京大学地质系毕业后于 1924 年赴德国慕尼黑大学攻读古脊椎动物学，1927 年获哲学博士学位。他就是 1926 年秋翁文灏和步达生筹备周口店班子时的人选，1928 年回国后被派去周口店接替李捷当地质调查所的代理人。裴也来自北京大学地质系，是刚毕业才一年的 24 岁青年人。他到周口店做杨的助手，管理事务，也参加发掘，向步、杨学习古生物学知识。

这一年的发掘从 4 月下旬开始。发掘区挪到上年发掘区的东部，面积为 20×12 平方米（图一五）。5 月下旬，军阀混战波及周口店。发掘被迫中断，至 8 月底局势缓和后才得以恢复。为弥补失去的时间，发掘持续到 11 月 25 日风雪来临、大地封冻才收工。这个野外季度共工作 24 周，清除堆积物 2800 立方米，获化石 575 箱。除一般动物化石外，发现北京人少年女性和成年人右下颌骨各 1 件，后者带有 3 颗完整臼齿。这些材料使步达生建立的新属有了更加充分的证据。

与周口店发掘同时，步达生在国外的活动也大有成绩。这包括向洛克菲勒基金会争取到一笔 4000 美元的追加拨款，使第

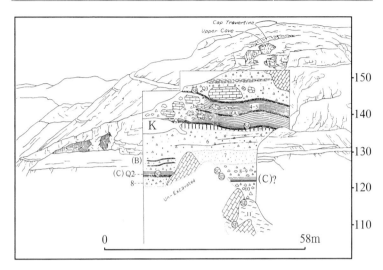

图一五 龙骨山部分地点地层示意图（据 Black *et al.*，1933 年）
Q1～Q3，石英层；K，鸽子堂；A，B，C，文化层；SA～SG，北京人化石
出土点；1～11，堆积层；Cap Travertine，顶盖钙华；Upper Cave，山顶洞；
Un–Excavated，未发掘部分

一次拨款到期后的工作经费有了着落；步达生与欧美人类学界一些著名学者如格雷戈里（W. K. Gregory）、赫尔曼（M. Hellman）、基思（A. Keith）和史密斯（E. Smith）等讨论北京人化石建立新属的问题，以及与大英博物馆谈妥由该馆巴洛先生（F. O. Barlow）承担制作 1927 年发现的那颗北京人臼齿的模型，等等。总之，头两年发掘旗开得胜，为随后到来的辉煌年月打下基础。

## 2. 第一个头盖骨

1929 年步林辞去周口店职务，参加中瑞西北考察团工作。杨钟健又决定和德日进去山西和陕西考察新生代地质。翁文灏和步达生商量，决定由裴文中主持发掘。裴在他 1933 年写作并于第二年出版的《周口店洞穴层采掘记》里有十分生动的叙述，不妨将其中一些段落摘录如下：

十八年（即1929年——本书作者注）也是四月开始的工作，步德杨三先生指示毕，走后，山中顿觉岑寂，而过起孤独的生活。那时我正因私人生活而感到烦恼，而山中工作，又遇到第五层的下部，坚硬异常，我们如何的崩炸，都不见效，因之觉得山中工作颇有"鸡肋"之感。

开过第五层，第六层中渐有化石，使我渐有兴趣。至第七层则化石之多，不可言状。我记得，有一天，我们共得了一百四十五个肿骨鹿的牙床。这一层的化石，不但多，而且很整齐，如水牛头及全鹿角，整猪头等皆从这一层中采得。此外并因这一层是砂土，挖化石非常容易。可惜我们因开掘的地方太少，向南向东皆在高崖之下，恐有危险，不敢多挖。

春季的工作结束了，我们一共发现了几个猿人的牙齿，这是猿人丙地（人类化石出土的具体位置，英文记录为"Locus"，猿人丙地即"Locus C"——本书作者注）……

到了秋季工作开始，开掘的部分，渐渐缩小，沉积的体积也渐渐狭窄了。在我想来，可以找到底了，工作也可以结束了。但是窄到无可再窄的地方，忽又发现出洞来，计自洞口至山顶将及三十余公尺。新的洞口，就是所谓猿人洞（"猿人洞"或"下洞"是北京人遗址的一个部分，具体指1929年发现第一个完整的北京人头骨的地方。现在，一些人常把它与整个遗址等同，不妥——本书作者注），洞口至洞底又有十余公尺深（图一六）。

图一六　北裂隙"下洞"——第一个北京人头盖骨从这里出土

我们若从山顶望下去，见猿人洞洞口之深，及峭立的绝壁，已有些令我们害怕。其实这都是我们一寸一尺的移去，土和石都是我们一筐一筐的抬出。现在看来猿人洞很深很大（最近更因雨水冲积及悬崖落石，已不能下去了），当我们初开的时候，只是仅能容人的小孔。并且一部尚为砂土所填满，仅有一个薄隙。当洞口方露出的时候，我们不知深浅，于是我同一个工人一同下去，腰上用绳子系好了，上边用许多人拉着绳子。我觉得我既负这开掘的责任，就应当身先士卒，正如打仗一样，将官若退缩不前，最好这仗不必打，打也必败。我下去之后，见洞内化石非常之多，高兴极了。那时已到十一月底，天气冷了，应当停工了，然我决定再继续几天。这正与古诗上所云："山穷水复疑无路，柳暗花明又一村"一样。

想不到，我们开掘猿人洞的第二天，在十二月二日下午四时余，竟自发现了猿人头盖骨（图一六）。我的运气真好！猿人头骨一半在松土中，一半在硬土中，那时天色已晚，若加细工作起来，我怕到晚上也掘不出来。其实他已经在山中过了不知几千百万日夜，并不在乎多过一夜；但是我不放心，脑筋中不知展转了多少次，结果决定取出来，用撬棍撬出。结果呢，头骨一部分被震动而破碎了；这样结果，又使我很后悔，然已悔之不及。但是这个机会，却使我知道中国猿人头骨的厚度，我们现在的人，头骨比较很薄，而猿人头骨异常的厚，若说猿人是人，真冤枉！从这一点看来，他真不像人（图一七）。

发现了猿人头骨，晚上我没有吃好饭，因为太高兴了。我高兴了，如何令北平的人们知道呢？如何使他们也

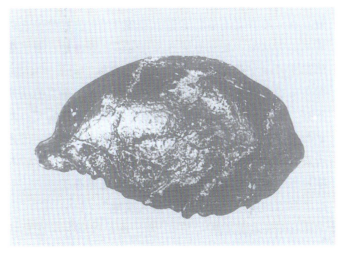

图一七 第一个北京人头盖骨

高兴？我先决定派专人去送信。写好了信，令人次日早晨返平，专呈翁所长。送信人走后，我又觉他们到晚上才能看到信，天时晚了，翁所长未必能通知关心周口店事务的几位朋友。于是我于三日早又打了一个电报给步达生先生，文曰："（衔略）顷得一头骨，极完整，颇似人（下略）"，因为猿人不是人，故我说他颇似人。北平方面得着这个电报，人们好像都不信，不是说我不能认识"人"，就说我不致有这样好运气，实在是因为整齐的头骨太好了，怕不容易得着。

我于十二月六日返平，怕猿人头骨未干，我夜间生上炭火盆烤着，连烤了两夜，我认为方可以搬运。那时我们是乘坐平房（北平至房山——本书作者注）间的长途汽车来往。我将这个猿人头打在我的行李中，用我那两床破旧的被包裹起来，外面再用褥子毡子与普通行李一样的捆好。我们的长途汽车到了北平西便门照例要检验，我们在事先已有准备，我随身带有几块化石，令检验人看，告诉他们我行李中是这种东西，请他们免检，如果一定要看，但我不能允许将外面糊的麻袋和纸张揭开。如果非揭开看不可，那我就得先请他们拘捕我。检验人倒很客气，只令我打开看，并没有要揭开糊的东西，并向我解释，因为时局关系，上司有命令，旅客的行李非打开看不可。猿人头骨总算一路平安到了北平，我的职责也算尽了。

这个头骨的发现地编号为"猿人戊地"（Locus E）。它的层位大体相当于主洞堆积的第 11 层。此前在猿人洞之上的堆积中已出土另一个北京人头骨，但运回城里之前仍包裹在堆积物之中，到 1930 年春才清理出来。因它出现在"猿人戊地"之前，追编为"猿人丁地"（Locus D）。裴文中在采掘记里说这是"我很抱愧的一件事"，发掘时未能看出是他的"失察"。其实，这是自谦之辞。因为有过发掘工作经历的人都知道，发掘现场不具备良好的修理化石的条件，不可能也不必要让每件标本都当场暴露出来。这样做反而常常会对珍贵标本造成无可挽回的损失。

### 3. 辉煌的十年

从 1927 年开始到 1937 年"卢沟桥事变"前的十年，可以说是周口店发掘史上的黄金时代（图一八）。周口店遗址作为世界著名的古人类学研究中心之一以及作为中国古人类学、旧石器考古学的摇篮和中国第四纪中更新世洞穴堆积标准剖面的地位，就是在这个时期奠定的。

第一，这是周口店发掘史上连续时间最长的一次大规模的

图一八　开挖之前（1935 年）

系统发掘，出土了非常丰富和珍贵的科学资料。据不完全的统计，在第 1 地点一共发掘了 1897 天，若按参加发掘人员总数计共 178965 个工作日，这还没有包括在北京城内进行研究和修理化石的工作人员在内。从这个地点，挖去大约 2 万立方米的岩石和沙土。在其他地点则挖去 4200 立方米堆积物。像这样大规模的发掘，不但在中国从未有过，事实上当时在世界上也是罕见的。

发掘的结果是一共采集了 1221 箱、约合 375 立方米的有待修理的标本。仅北京直立人的化石就可以代表 40 个上下的个体（图一九、二〇）。它们包括 5 个比较完整的头骨，9 件头骨碎片，6 块面骨，14 个下颌骨，152 颗牙齿（其中 83 颗附在上下颌骨上，其余为单个牙齿），7 段股骨，3 段肱骨，1 段

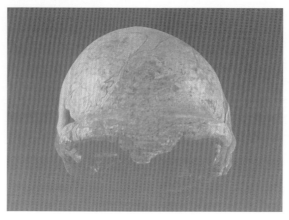

图一九　北京人头骨化石

胫骨，1 段锁骨，1 块月骨（组成手腕的 8 块小骨之一）。出土的文化遗物有石制品共约 10 万多件以及大量用火证据（灰烬层、烧骨、烧石和烧过的野果核等）。其他还有 2 种植物化石（不包括保存在堆积里的孢子和花粉）、118 种动物化石——其中哺乳动物化石 94 种。一些动物的个体数量很大。例如，肿骨鹿和鬣狗的个体均在 2000 以上[3]。

除了在第 1 地点进行大规模的系统发掘外，这期间还把调查范围扩大到北京西山一带，甚至为了弄清北京人的"来龙去脉"，派人远赴云南以寻找爪哇人和北京人"兄弟俩"在东亚分道扬镳的地点。北京西山一带的调查大有收获，仅龙骨山方圆 2 公里范围内，就发现含脊椎动物化石、人类化石和文化遗物的地点 20 多处。其中，经过发掘的第 13、第 15 地点和山顶洞遗址在早期人类和文化进化研究上具有十分重要的意义。直到 20 世纪 50 年代之前，构成中国早期人类发展史三部曲的"北京人"、"河套人"和"山顶洞人"中，周口店就占了

图二〇 北京人股骨化石

两部。

应该着重指出，周口店不仅是一个古人类学圣地，也是一个古生物学和第四纪地质学的研究基地。周口店哺乳动物群不仅为判断北京人的时代和生活环境、复原世界直立人阶段的人类历史提供充分而可靠的根据，而且也成为华北第四纪中更新世的代表性动物群，周口店第 1 地点则成为华北中更新世最重要的标准剖面之一。它厚达 40 多米的含化石堆积层贮存着距今 80 万年以来东亚北部气候和环境变化的各种信息，可以在全球环境变迁研究中发挥独特作用。

第二，在实践中形成一套比较先进的发掘方法，即使今天它们仍有可借鉴之处。在 1931 年之前，周口店发掘基本上采取古生物、地质学方法，人们关注的只是出土物的上下层位关系。记录不详常常给室内整理研究造成许多困难和无法补救的缺陷。从 1932 年春发掘东坡时起，在裴文中主持和贾兰坡、卞美年参与下，对发掘工作进行了一场革命，逐步形成一套科学和行之有效的发掘方法（图二一）。

图二一　贾兰坡细心清理出露的北京人头骨（1936 年）

新方法要求在预定的发掘区先开探沟。探沟尺寸根据堆积层的实际情况定为宽1.5米、长3米、深5米。然后根据探沟所揭露的堆积层情况打格分方，开始正式发掘。这种方格为每"方"长宽各3米，每0.5米为一水平层（1934年发掘遗址中部时，每"方"改为长宽各2米，每1米为一水平层），挖至5米深后再挖新探沟和分方。方格从两个方向编号：从西到东为A，B，C，D……从北到南为1，2，3，4……如此，每个方出现两个号码，如A1，A2，A3，A4……发掘时，每一个方由一位技工和一位具有发掘能力的临时工负责发掘，每一水平层绘有同样比例尺的平面图。每隔2米，绘制南北向和东西向的剖面图，把堆积物依岩性变化划分的自然层绘在剖面图上。每件出土标本按所在方格编号，并注明水平层和发掘年份。例如，"32：F5，L10"，表示该标本1932年出自F5方第10水平层。凡遇到重要标本都加以测量，并将其准确位置标在平面、剖面图上（图二二）。发掘时，每个方清理出来的堆积物按固定位置堆放，再由工人过筛以捡回发掘时遗漏的化石或石制品，然后才能将堆积物搬出抛弃。

除了绘制平面图和剖面图，每天还以固定角度从南、东、西三个方向各拍照片一张，作为"照相记录"，留待日后参考。同时，还有每周两次从固定地点——东、北、西三个方向拍摄的"例常照相"。这种照片不是单一地拍摄发掘区，而是全山。今天把它们排列在一起，可以观察到整个龙骨山的面貌随着发掘的进行在逐渐改变。此外，周口店还有每天的野外工作日志和周报。日志简要记载当天的气象、用工人数、发掘部位、标本出土情况和其他有记录价值的信息（如重要人物来访等）；周报则是以学术为内容的观察总结。上述资料在贾兰

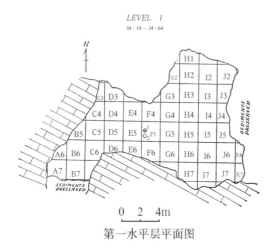

第一水平层平面图

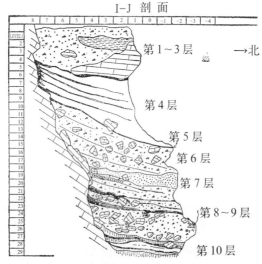

图二二 北京人遗址第1水平层平面图和I—J剖面图

（据贾兰坡、黄慰文，1984年）

坡和黄慰文写作《周口店发掘记》一书以及1978年开始的周口店遗址多学科综合研究中发挥了十分重要和不可替代的作用。

第三，在这十年里包括法、德、美、英、荷（兰），加上原先的中、瑞（典）、奥（地利）等国家的十多名科学家参加周口店的研究工作，贡献了他们的聪明才智和青春年华（图二三）。他们的工作硕果累累，共同铸就周口店事业的辉煌，使周口店遗址成为名副其实的人类宝贵文化遗产。据不完全统计，由中外科学家出版的专著共72种，4310页，而一般性论文和科普文章尚未计算在内。上述研究成果在内容上涉及地质、地貌、哺乳动物、鸟类、两栖类、爬行类、植物、古人类

图二三　步日耶（中）和德日进（左）在龙骨山（1935年）

图二四　魏敦瑞来到龙骨山（1936 年）

学和旧石器考古等许多方面。其中，魏敦瑞关于北京人化石的多种研究报告成为古人类学领域的经典著作，至今天仍然是人们了解直立人阶段人类体质形态的重要依据[4]（图二四）。

　　第四，除了上述"看得见"、"摸得着"的成果外，周口店早年工作中培育的国际合作、多学科综合研究以及民主的学术氛围和传统有着更为深远的意义。当年，周口店吸引了来自不同国家的科学家参与研究。他们中不乏当时在国际上就享有盛誉者，如安特生、步达生、德日进、巴尔博、步日耶、魏敦瑞、孔尼华等。他们和丁文江、翁文灏、李捷、杨钟健、裴文中、卞美年、贾兰坡等中国学者一起，将周口店迅速建成为一个生机勃勃的国际著名古人类学研究中心。正是因为有这样的传统，当20世纪80年代初改革开放的春风开始吹拂神州大地之时，古脊椎动物与古人类研究所及时抓住机遇，迅速将研究工作、人才培养等业务推向世界，使"IVPP"（该所的英文名称缩写）成为国际古脊椎动物和古人类学领域一支朝气蓬勃、成绩突出和有广泛影响的队伍。

**注　释**

[1] Zdansky, O. 1927. Preliminary notice on two teeth of a hominid from a cave in Chihli, China. *Bull. Geol. Soc. China*, 15, 281～284.

[2] Black, D. 1927. On a lower molar hominid tooth from the Chou Kou Tien deposit. *Paleontologia Sinica*, S. D., Vol. 7, No. 1, 1～28.

[3] 统计数字根据郭沫若《在中国猿人第一个头盖骨发现二十五周年纪念会上的报告》并稍作补充，见郭沫若等《中国人类化石的发现与研究》，科学出版社 1955 年版。

[4] Weidenreich, F., 1936. The mandibles of *Sinanthropus pekinensis*. *Pal. Sin.*, S. D, 7; Weidenreich, F., 1937. The dentition of *Sinanthropus pekinensis*. *Ibid.*, N. S. D, 1; Weidenreich, F., 1938. Discovery of the femur and humerus of *Sinanthropus pekinensis*. *Nature*, 141: 614～617; Weidenreich, F., 1939. Six lectures on *Sinanthropus pekinensis* and problems. *Bull. Geol. Soc. China*, 19, 1～110; Weidenreich, F., 1941. The extremity bones of *Sinanthropus pekinensis*. *Pal. Sin. N. S. D*, 5; Weidenreich, F., 1943. The skull of *Sinanthropus pekinensis*. *Ibid.*, N. S. D, 10.

二 周口店遗址群

## （一）周口店第 13 和 15 地点

在龙骨山周围发现的早期人类活动遗址，除北京人遗址外，属于中更新世的还有好几处，属于晚更新世的除了山顶洞遗址，还有近年在市区发现的王府井东方广场遗址和周口店西南的田园洞遗址。在这一节里，我们简要介绍周口店第 13 和 15 地点。它们的发现在旧石器考古研究上具有十分重要的意义。

1933 年 10 月，有当地人来提供一个新地点的线索。它在第 1 地点南面约 1 公里的一个石灰岩山丘的南坡。步达生当即安排裴文中带两名技工前往组织发掘。他们从 1933 年 11 月一直工作到来年 7 月，总计发掘了 230 天，清理堆积物 400 立方米，获化石 161 箱。裴文中于 1934 年在《中国地质学会志》第 13 卷第 3 期上发表一篇简报（Report on the excavation of the Locality 13 in Choukoutien）。后来，德日进和裴文中对哺乳动物化石材料进行深入研究，于 1941 年在《中国古生物志》新丙种第 11 号上发表报告（The fossil mammals from Locality 13 of Choukoutien）。

第 13 地点内涵十分丰富。尽管当年并未从这个地点发现任何人类化石，但却出土了 1 件两面打制的燧石工具、几件脉

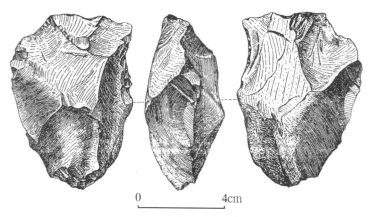

0              4cm

图二五　周口店第13地点的手斧（据 Pei，1934 年）

石英制品以及一些灰烬和烧骨。这些与第1地点性质相同的人类活动证据，把相隔不算太远的两个遗址在时间和空间上连接了起来。那件两面打制的燧石工具特别惹人注意（图二五）。裴文中在 1934 年发表的报告里有这样的描述：它原是一件燧石结核（在石灰岩岩层里常产板状或球状燧石结核，它们是打制石器的优质原料——本书作者注），被粗制成"手斧"（biface），但缺少第二步加工。在后来的文献里，裴文中称它为"石核石器"或"两面砍砸器"。不过，从报告提供的插图看，这件制品的边缘上并不是没有加工痕迹。因此，看来把它称做手斧未尝不可。这件石器长 78.5 毫米，宽 58 毫米，厚 36.3 毫米，表面因风化而带石锈。

　　根据德、裴的研究，这里出土的哺乳动物化石中绝属动物占 11.11%，绝种动物占 66.64%。这两个比例都高过第1地点的动物群，表明第 13 地点的时代比第 1 地点更早。另外，第 13 地点的石灰岩角砾堆积中充填有红色壤土，反映这层堆积形成后曾在湿热环境下经受过强烈的化学风化。同样的情形亦见于第 1 地点的第 12 层（红色砂砾层）。因此，从岩性特征分析，第 13 地点在时代上可以和第 1 地点的下部堆积（第 11～13 层）对比。1958 年以前，第 1 地点还未在比第 11 层更低的层位发现过任何人类化石或文化遗物。因此，周口店的早期研究者将第 13 地点的文化遗物看做是中国境内最早的人类活动证据，"代表了在中国所发现的最古的石器"[1]。

周口店第 15 地点在第 1 地点之南约 70 米，1932 年发现，1934～1935 年以及 1936～1937 年两次系统发掘，1939 年裴文中发表初步报告[2]。第 15 地点与第 1 地点和龙骨山上其他地点（第 2、3、4 和 12 地点等）都发育在同一条南北向的断裂上，地质背景相同。第 15 地点在南，第 1 地点在北。同时，第 15 地点和第 4 地点（包括 20 世纪 70 年代发现的"新洞"）底部相连，实际上是一个"连体"遗址。

在第 15 地点未发现人类化石，却出土了十分丰富的动物化石、石制品和灰烬等人类活动遗迹。特别是它的很有特色的石器工业在研究旧大陆东西方文化对比上有重要意义。第 15 地点出土了上万件石制品。和北京人石器一样，它们以脉石英为主要原料，其次是砂岩和燧石等。石器中轻型工具占绝对优势，同时也有一部分重型工具。石器类型和基本技术与北京人石器相似，不过，又表现出一些显著特点或进步成分。首先，在打片技术方面，在北京人石器工业中占有非常突出地位的砸击法在第 15 地点石器工业里明显地减弱了；其次，出现了一批具有"西方特色"的、技术进步的制品，例如：背面上有"Y"字形疤脊的石片（图二六），其生产程序与欧洲勒瓦娄哇技术制品类似；盘状器或盘状石核；可能用软锤技术打制的小型手斧（图二七）；类似于石球的"结核状制品"，以及用大石片加工的薄刃斧（图二八），等等。

上面列举的种种制品和打制技术，特别是它们的组合特点都是西方晚期阿修尔文化的基本因素，是旧石器初期文化向中期文化过渡的重要标志。很长时间以来，一些研究者过分强调中国旧石器文化的"地方特色"、"区域发展"或"保守"、"落后"，因而对第15地点石器工业所含的晚期阿修尔文化因素不够重视，甚至干脆不予承认。其实，这并不符合实际，无补于我们正确认识旧大陆旧石器文化发展的总框架。

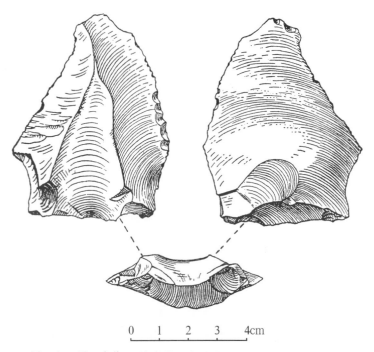

图二六　周口店第15地点带Y字形背脊的石片（据 Pei，1939 年）

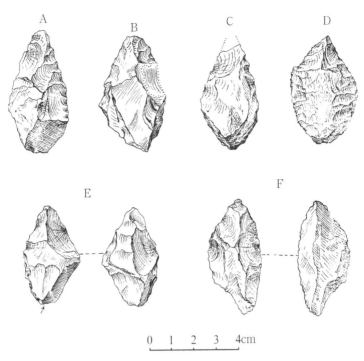

图二七　周口店第 15 地点的小手斧（据 Pei，1939 年）

裴文中和德日进根据堆积层的岩性结构和特征，以及出土的动物化石，将第 15 地点的时代定在中更新世晚期，和第 1 地点顶部堆积的时代大体相当（贾兰坡在他历来的著作里亦持相同观点）。后来，有的研究者以发现个别马兰黄土期常见的动物（如赤鹿）为由，将第 15 地点的时代划入晚更新世的早期，文化分期亦由旧石器初期改为中期。不过，以钟乳石为样本的铀系法测定结果不支持这种修正。据沈冠军等所作的测定，早期人类进入新洞的年代不晚于距今 30 万年；第 15 地点上部地层也测出同样结果[3]。换句话说，第 15 地点是北京人

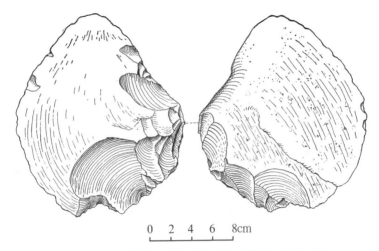

0　2　4　6　8cm

图二八　周口店第15地点的薄刃斧（据 Pei，1939 年）

时代后期龙骨山另一处"人家"。

# （二）山顶洞遗址

1930 年为了查明北京人遗址堆积层的边界而清除龙骨山山顶表面浮土，山顶洞遗址就是在这次"刮地皮"过程中发现的。从早年的照片看，当初山顶洞有洞顶，原先的洞口像一个小拱门，向北，高约 4 米，底宽约 5 米，但几乎被淤泥封死。根据贾兰坡回忆，刚发现时若想进洞，必须匍匐而行。后来考虑到洞顶因风化已十分糟朽，为安全起见，1933 年开始发掘前将部分洞顶拆除。

山顶洞是一个发育很好的漏斗状溶洞，因靠近龙骨山山顶而得名。它实际上和北京人遗址同属一个山洞，只不过它犹如一座大楼顶层的小阁楼而已。当北京人遗址几乎被堆积物填满

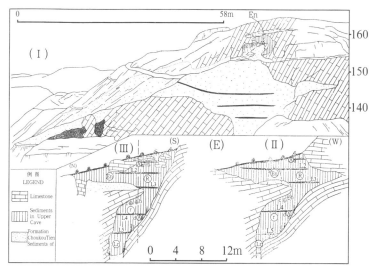

图二九　山顶洞剖面图

（Ⅰ）南望山顶洞（以竖线表示）在龙骨山上所在位置示意剖面；（Ⅱ）
山顶洞东西综合剖面；（Ⅲ）山顶洞南北综合剖面。EN，入口；L1 – L5，
文化层；R，上室；r，下室；Lr，下窨；a，骨针；b&c，人骨架；d，穿
孔海蚶壳（据 Pei, 1939）

之后又过了很久很久，山顶洞人来到这里。他们发现了"阁
楼"并在里面安家。现在还可以看到，山顶洞一部分堆积层
直接叠压在北京人顶部堆积层之上。不过两者在时间上不衔接
（地质上叫不整合接触），中间隔了二十多万年。

山顶洞洞内分上室、下室和下窨三部分（图二九）。入洞
后是上室，东西长约 14 米，南北宽 8 米。这里至少保存两层
灰烬，灰烬里发现一些石器。看来，这里是山顶洞人的"起
居室"了。下室在上室的西面，实际上是一个深约 8 米的凹
坑，和上室之间以陡坎连接。这里是山顶洞人的墓地，人类化

石和陪葬品均出于此。由下室向下，洞穴逐渐收窄，形成下
窨。下窨出土了许多保存完好的洞熊、虎、鬣狗等动物骨架，
给人以天然陷阱的鲜明印象。

　　从山顶洞出土的人类化石包括 3 个完整头骨（图三〇）和

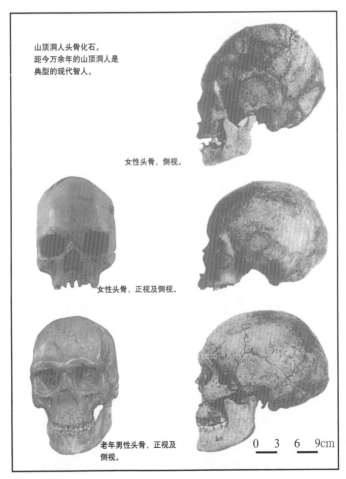

山顶洞人头骨化石。
距今万余年的山顶洞人是
典型的现代智人。

女性头骨，侧视。

女性头骨，正视及侧视。

老年男性头骨，正视及
侧视。

0　3　6　9cm

图三〇　山顶洞人头骨化石

图三一　山顶洞人老年男性复原胸像

部分体骨，分别代表 5 个成年人和青少年，以及 1 个 5 岁幼儿和 1 个刚出生的婴儿或尚在母腹里的胎儿，总共大约代表 10 个个体。其中的 3 个头骨分别属于 1 个老年男性、1 个中年女性和 1 个青年女性。当年研究这些化石的魏敦瑞认为 3 个头骨的结构特征差别显著，老年男性为原始黄种人（图三一），中年女性可能属于今天生活在北极地区的爱斯基摩人（自称因纽特人），而青年女性和南太平洋岛屿的美拉尼西亚人相像[4]。魏敦瑞的分析给人们留下一个难解的谜团：在几万年前的交通条件下，这些相隔遥远的人们是如何相聚到一起来的呢？

人类学家吴新智不赞成魏敦瑞的观点。他在20世纪60年代发表山顶洞人类化石重新研究的结果，指出魏氏一些测量数据有不准确之处，3个头骨的一些差异被夸大了。他还结合中国境内的其他晚期智人化石分析，认为3个头骨的种种特征实际上未超出形成中的黄种人的变异范围[5]。上海复旦大学人类学家赵一青通过对近300例现代中国人头骨测量，也得出和吴新智相同的看法。不过，在本书作者看来，魏敦瑞的观点并非毫无可取之处。因为，生活在末次冰期（距今7万～1万年）的山顶洞人正处于早期人类又一次大迁徙浪潮之中。那时欧亚大陆上东西之间、南北之间的人类流动非常活跃。而且，这个时期也是人类从亚洲大陆向北美、澳大利亚和西太平洋一些岛屿迁徙的时期。因此，不同种族之间的交流和融合是一种正常现象。考古材料已经为此提供了大量令人信服的证据。

从山顶洞遗址发现了内容翔实的旧石器时代墓葬遗迹和丰富多彩的陪葬装饰品，同时也发现了一些骨角制品和石制品。裴文中研究了这些文化遗物并于1939年发表专报[6]。在下室出露的人类骨架上，可以看到撒有红色的赤铁矿粉末。陪葬品的放置很有意思。例如，串珠靠近头骨，穿孔兽牙靠近手臂。人骨架虽然受过后期扰乱，但仍保持原来的联结状态。上述迹象表明，这是当时人们刻意营造的墓地。出土的装饰品有穿孔小石珠、穿孔小砾石、穿孔海蚶壳、穿孔鲩鱼眼上骨、穿孔兽牙，以及有刻槽的骨管（图三二）。其中，穿孔兽牙数量最多，

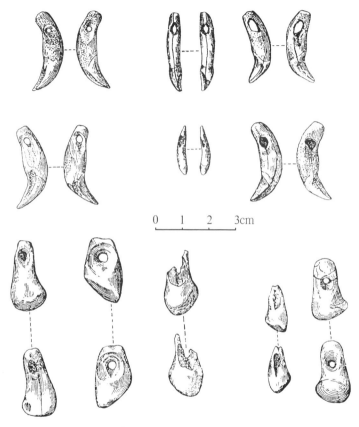

0　　1　　2　　3cm

图三二　山顶洞部分垂饰

有 120 多颗。它们多半是獾、狐等小食肉类的犬齿，也有鹿的犬齿。牙齿上的孔是用锐利的石器从齿根两面剔刻出来的。有些兽牙因长期佩带，孔道被带子磨光。穿孔小石珠有 7 件，用白色石灰岩薄片制成，轮廓近似四方或多边形，底面磨平。穿孔小砾石用浅绿色火成岩卵石对钻穿孔，有一面磨光，长约 39.6 毫米。有些穿孔饰物的孔道用赤铁矿粉末染红。此外，遗址还出土了一件针眼残缺的骨针和一件磨光鹿角。与上述装饰品形成鲜明对比，山顶洞出土的石制品数量既少又不精致，无法为我们提供有关当时石器工业的详情。

山顶洞遗址出土的动物化石门类齐全，内容十分丰富，计有软体动物、两栖动物、爬行动物、鸟类和哺乳动物。它们是判断遗址年代和复原古生态环境的主要根据。例如，软体动物中的人工穿孔贝壳，鉴定为一种生活在海洋环境的海蚶。今天，周口店与渤海的最近距离约为165公里。海蚶贝壳在山顶洞遗址的出现，既给地质学家提出当时华北海陆变迁的问题，也给考古学家提出弄清当时某些人群的活动范围和是否存在邻近地区之间以物易物的"贸易"活动问题。又如，根据对鱼类化石中的钻孔鲩鱼眼上骨的尺寸推算，该鱼活的时候体长约80厘米。另外9个鱼脊椎骨中，3个属于相当大的鱼类（大约是鲤鱼），6个属于中等大小的鱼类。这些鱼的出现，可以证明昔日周口店一带存在今日已经消失的较大的河流或湖泊，而且气候比较温暖湿润。

山顶洞出土的哺乳动物有49种。它们中的最后鬣狗、野驴、东北狍、北京斑鹿、加拿大马鹿、普氏羚羊、阿曼鼢鼠和似浣熊貉等，都是华北马兰黄土期的常见动物。动物化石中有相当比例的反映草原环境的动物，除上述野驴、羚羊等食草动物外，还有一批啮齿类，如沟齿鼯鼠、变异仓鼠、花背仓鼠、阿曼鼢鼠、黑鼠、沙鼠、上头田鼠和林姬鼠等。同时，也存在许多林栖动物，包括虎、豹、黑熊等一批食肉动物和斑鹿等（图三三、三四）。不过，山顶洞动物群缺少披毛犀和猛犸象这样一些反映寒冷气候和冰缘环境的种类。相反却出现一些喜暖动物，如南方的花面狸、猎豹和真象。从总的组成情况来说，山顶洞出土的哺乳动物反映

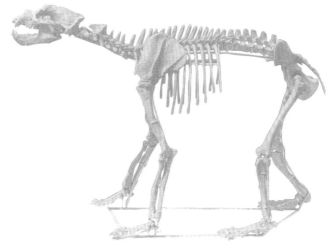

图三三　山顶洞的洞熊骨架

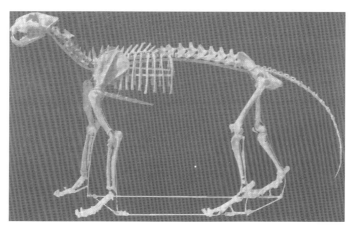

图三四　山顶洞的虎骨架

的气候比今天北京地区要温暖和湿润得多。

20 世纪 70 年代用 $^{14}$C 方法测定山顶洞遗址的年代得到两

个数据。一个是距今 1.1 万年，另一个是距今 1.8 万年。两个数据中前一个落在全新世的开端（距今 1 万年左右）。全新世哺乳动物群按理说全部由现代种类组成，但是山顶洞动物群仍保留最后鬣狗等古老种类，说明它的"更新"过程尚未结束，"距今 1.1 万年"的数据不合理。另一个落在北半球气候极端寒冷的末次盛冰期（距今 2.3 万～1.3 万年）。那时北京地区气候按理说大致和今天黑龙江省北部或青藏高原相似。野外考察确实发现了关于这段寒冷期的不少有力证据。例如，孢粉分析表明距今 2.3 万～1.3 万年北京地区的植被以干燥草原为主，局部地区也分布有喜欢湿冷气候的云杉和冷杉。在市区新北京饭店和王府井东方广场建筑基坑揭露的地层出现了融冻卷曲现象，这是存在永冻层的标志。它表明今天只限于青藏高原和黑龙江省北部等高寒地区的永冻层，其分布范围在距今 2.3 万～1.3 万年期间扩展到了北京平原。上述现象都与山顶洞动物群所反映的比较温暖和湿润的气候不符，说明"距今 1.8 万年"的数据也不可靠。

1978 年末开始的周口店多学科综合研究，也将山顶洞遗址的年代测定列入其中。当时，用热释光法测定获得大于距今 32000 年的结果。后来，又用 $^{14}C$ 加速器质谱（AMS）方法重新进行测定，结果获得两组新数据：距今 27000 和 34000 年，远远超过以前的测定结果。上述两种方法得出的年代，与山顶洞动物群反映的气候状况吻合，也符合中国第四纪地质学研究的主流结论。我国地质学家不久前在一篇综合报告中指出：在末次冰期中的暖期，我国从南到北，从东部平原到西北干旱区和西南的青藏高原，总的气候状况比今天温暖和湿润[7]。

山顶洞人在体质进化上属于晚期智人，文化发展上则处于

旧石器时代晚期。这是人类发展历史上的一个辉煌时期。打猎
经济、用火、缝制衣服、修建住所（在平原地区）、石器、骨器
和装饰品制作，以及包括壁画、雕塑、音乐、舞蹈在内的艺术
创作都达到空前繁荣的阶段。同时，这也是人类迁徙活动非常
频繁的时期。考古材料表明：此时的远古猎人们为了追逐兽群
（野马、野驴、猛犸象、野牛、各种鹿类、羚羊等食草动物），
脚踏茫茫草原，从一地迁往另一地，甚至作洲际如非洲与欧洲
之间、欧洲与亚洲之间、亚洲与北美或亚洲与大洋洲（澳大利
亚）之间的往返"大转移"。在一个地区内，人群流动则受本地
资源供应条件的制约。周口店地处平原与山区交界，生态条件
复杂多样，适于人类生存。1996 年北京市区修建王府井东方广
场挖地基时发现山顶洞人同期的石器、动物化石和用火遗迹，
为当时人类在北京平原活动提供了证据[8]（图三五）。2001 年，

图三五　"东方广场"遗址

龙骨山西南约6公里的黄山店田园林场职工在一个后来以林场名字命名的山洞里找水源时发现化石。由于林场经理田秀梅女士及时把消息报告有关部门并积极配合、支持随后由科研人员组织的考古发掘，使得一批山顶洞人时期的人类化石和动物化石得以完整保存，部分弥补了山顶洞人化石在第二次世界大战期间全部遗失所造成的缺陷。根据主持发掘的古脊椎动物与古人类研究所野外工作队的初步观察，人类化石有下颌骨、肢骨、锁骨、脊椎和单个牙齿等共34件；哺乳动物化石有29种，其中多半见于山顶洞遗址，但也有一些属于新发现的种类，如猕猴、猪獾、梅花鹿、赤鹿、斑鬣狗、香麝等[9]。新的发现不仅扩充了山顶洞动物群的内容，而且它们都是南方动物，对重建当时生态环境具有标志性意义。

## （三）鱼岭

龙骨山周围的古生物化石地点中，周口店第14地点十分惹人注目。这不仅因为它的时代为上新世，是周口店各地点中时代最早的一个；还因为它出土了非常丰富而且又保存非常好的鱼化石，有助于我们了解早期人类出现在周口店一带的地质背景。

第14地点位于第1地点之南1.5公里的一座小山头，在鸡骨山（第6地点）的北面，与1951年发现的第20地点毗邻。鱼化石埋藏在一个南北长约30米、宽10米、高约8.4米的袋状石灰岩洞穴里，因当地人开采石灰岩而露出鱼化石。当时这个采石场属于一家名叫"四合号"的石灰窑，所以当地人也称该地点为"四合窑"，发现鱼化石后又多了"鱼岭"的名字。对第14地点的首次发掘是1933年，与发掘山顶洞遗址同一年。当时发掘这个地点的南端，获得350尾个体比较完整的化石鱼。上述标本于1936年经古生物学家张席褆研究，鉴定出它们属于两个种，即短头魮（*Barbus brevicephalus*）和四川魮（*Barbus szechuanensis*）。它们均属于鲤科魮属。前者是绝灭种类，后者虽然繁衍至今，但其生活地区已迁移到长江以南。

1951年夏，在与第一次发掘相隔17年之后，对第14地点进行了第二次发掘。接着，于1953年又发掘一次。在1951年的发掘中获得比较完整的鱼类标本270余尾，如果把能够代表鱼体的分离骨骼合并计算，再加上为了保存一个个体的完好而不加修理的其他个体，则总数可达2000尾左右。这还未把1933年的标本计入。同时，新的发掘还发现鱼卵，亦未计算在内。因此，这个鱼化石产地之丰富可想而知。全部鱼化石标本中最大的体长达400毫米，最小的仅57毫米，其余介于两者之间，以150~250毫米的较多。上述发掘由鱼类学家刘宪亭主持。他在1954年发表的研究报告《周口店第十四地点鱼化石》（《中国古生物志》新丙种第14号）里，为这个鱼群增加了两个新种，即席褆刺魮（*Matsya hsichihi* Liu，sp. nov.）和云南魮（*Barbus* cf. *yunnanensis* Regan）。刺魮属一些现生种分布于我国长江以南的四川、广东、广西、福建和台湾等地。周口店发现的席褆刺魮和上述现生种不同，是一个绝灭种。云南魮与现生种类则基本相同。

魮属化石最早发现于欧洲渐新统地层，亚、非两洲的中新统地层也见其踪迹。到今天，这个属的现生种类仍相当繁多，主要分布在旧大陆的热带、亚热带地区，包括我国南方，但以非洲最多。根据 1949 年秋对遗址附近的坝儿河的调查，生活在河里的只有鲤、鲫、鲶、鳅等种类，不见魱鱼踪影。可见，周口店今日的气候不如昔日那样温暖湿润，魱鱼不再适合在这里生活了。

"鱼岭"高出当地河床 65 米，原来是石灰岩山体中一个南北延伸的水平溶洞，后被砂、粉砂、砾石和黏土、钙华层填充。这套堆积分上下两部分，中间以侵蚀面相隔，表明不是连续的堆积。下部是具有水平和交错层理的砂、粉砂、砾石层，厚约 3 米，属于地下的河湖相沉积，鱼化石即埋藏其中。侵蚀面以上是红色块状和层状粉砂质黏土及层状、结核状、块状结晶钙华和钟乳石层，厚 5 米多，是地下河随地壳上升而逐渐干枯后的堆积。上述沉积环境有助于说明为什么这里的鱼化石能够保存如此之好：许多标本不但能看到整个骨架、鳍和鳞片，而且能看到原来肌肉的轮廓。修理好的标本除已经石化外，从外表看非常完好而齐全，栩栩如生。其横剖面呈纺锤形，这一特征在世界各地鱼化石中非常罕见。它表明鱼在死亡时和形成化石的过程中，泥沙是逐渐填充的，鱼体没有经受过太大的压力。同时，由于地下河的特殊环境免除了温度变化等洞外环境因素所带来的种种不利影响，也是使第 14 地点鱼化石具有特殊良好保存条件的重要原因。

注　释

[1] 裴文中《中国旧石器时代的文化》，载郭沫若等《中国人类化石的发现与研究》，科学出版社 1955 年版。

[2] Pei, W. C. 1939. A preliminary study on a new Paleolithic station known as Lo-cality 15 within the Choukoutien region, *Bulletin of Geological Society of China*,

Vol. 19，No. 2，147～187.

［3］沈冠军、袁振新《周口店新洞（第 4 地点）年代新考》，《龙骨坡史前文化志》1999 年第 1 期。

［4］Weidenreich, F. 1939. On the earliest representative of modern mankind recovered on the soil of East Asia. *Bull. Nat. His. Soc.* , Peking, 13：161～174.

［5］吴新智《周口店山顶洞人化石的研究》，《古脊椎动物与古人类》1961 年第 3 期。

［6］Pei, W. C. 1939. The Upper Cave industry of Choukoutien. *Pal. Sin.* N. S, D 9.

［7］施雅风、于革《中国暖湿气候和海侵的特征与成因探讨》，《第四纪研究》第 23 卷第 1 期，2003 年。

［8］李超荣、郁金城、冯兴无《北京王府井东方广场旧石器遗址发掘简报》，《考古》2000 年第 9 期。

［9］同号文、尚虹、张双权、陈福友《周口店田园洞古人类遗址的发现》，《科学通报》第 49 卷第 9 期，2004 年。

三　世界遗产

## （一）人类化石和文化遗物

被联合国教科文组织列入世界遗产的早期人类遗址并不多。其中，直立人遗址只有两处，而且都在亚洲，即印度尼西亚的桑吉兰和中国的周口店。为什么周口店能获得如此殊荣呢？我们想，主要是因为它的发现为从猿到人的进化理论第一次提供了无可辩驳的证据。而它之所以能发挥这个作用，又与它自身的条件分不开。这里所说的"本身条件"主要包括三个方面：第一，丰富的人类化石与文化遗物；第二，丰富的共生动植物化石；第三，一个能够成为标准地质剖面的堆积层。

人类化石方面，1921和1923年师丹斯基试掘时发现的3颗人牙，是最早在周口店发现的北京人化石。1927年开始系统发掘后，又陆续有人类化石出土。其中，由裴文中1929年发现的第一个完整的北京人头盖骨，1930年春在室内修理出的一个，以及贾兰坡于1936年11月15～26日接连发现3个完整的北京人头盖骨，使周口店出土的头盖骨数目达到5个。这5个头盖骨分别编号为第2、1、3、10、11和12，按出土位置则分别称为Locus E、D、L1、L2和L3。其中，Locus E就是通常所说的"第一个发现的"头盖骨。5个头盖骨中，以1936年出土的Locus L3最为完整。魏敦瑞在当年的新闻发布会上指出："这 3 个头骨都是成年的，保存都很完好，……第三个猿人头骨比前两个尤为完整"。今天我们所看到的北京人女性胸像，就是依据它复原的。除上述材料外，这期间发现的北京人化石还有脑颅残片 16 块、面骨残片 16 块、下颌骨残片 14 块、附在上下颌骨中的或单个的牙齿 147 颗、股骨（大腿骨）2 段、肱骨（上臂骨）2 段、锁骨 1 段和月骨（组成腕骨的 8 块小骨块之一）1 件。这么多的人类化石集中在一个地点；每件标本都有明确的层位记录；它们在层位上前后跨越的时段达几十万年，给人类学家一个明确又具体的测量"进化速度"的时间标尺，等等，在世界上的古人类遗址中并不多见。

文化遗物方面，周口店遗址出土了极为丰富的石制品、骨角制品和用火证据。发现石制品是裴文中对周口店事业的又一重大贡献。他在 1931 年发表的《记周口店洞穴堆积早更新世含人化石层中之石英及它种岩石制品之发现》[1]一文里谈及事情的经过：

当 10 年前安特生博士将周口店这个地点宣示给科学界时，他已经注意到含化石堆积物里出现的石英碎片。他被这样的事实所困惑：是什么力量把一件外来的石英碎片从邻近地带带到含化石的堆积物里面来呢？他想这可能是古老人类所为。

在安特生博士的猜测被证实之前又过了 5 年，周口店发现了人类化石。自从 1927 年我们开始工作以来，在发掘时又一次次地发现石英碎片，其中有些甚至显示出人工的性质。但是，直到这个野外季度从地层里揭露出确凿无疑的人工制作的石器之前，北京人石器问题仍然存疑。

尽管我们在野外已经探究这件事情，但直到 1929 年，如步达生教授宣称那样，我们没有发现"任何性质的任何人工制品"或"任何用火痕迹"。然而，我在第一个中国猿人头盖骨出土的"下洞"发现了一件有打击印记的石英石片。不过，由于它是从我们发掘出来的堆积物表面捡到的，我还不能肯定地说石片出自堆积层本身，也不能肯定地说打击印记不是我们的技工发掘时所为。

在1931年野外工作一开始，当我们着手清理过去发掘的松土时，我发现一个丰富的石英层。到了7月在"鸽子堂洞"（北京人遗址的东部，因堆积层中有很大的空隙，常有野鸽栖身其中，故名——本书作者注）又发现另一个石英层。两个石英层混杂于细砂和黏土之中，堆积的石英片数量巨大（报告记述石英片和其他岩石制品有两千多件——本书作者注）。

为方便起见，本文将发掘开始时发现的石英层称为"石英Ⅰ层（Quartz Horizon 1）"7月遇到的那个称为"石英Ⅱ层（Quartz Horizon 2）"。

周口店出土数量巨大的、人工性质明确的石制品，对确立直立人在人类进化中的位置发挥了关键性作用。

"人，工具的制造者"是学术界普遍接受的原则，尽管科学观察发现某些非洲黑猩猩也会制作工具的事实，但不能说上述原则已经过时。因为，现代黑猩猩制作工具只是一种偶然的行为，一种生物进化过程中出现的趋同现象，与二三百万年前发生的最早人类的制作工具行为有本质差别。迄今为止科学界掌握的早期人类及其文化进化的全部事实表明：黑猩猩这种偶然行为过去未曾发展成为一种在其进化过程中起主导作用的行为或生存方式。我们相信今后它也不可能发展成为具有这种性质的行为或生存方式。

1890年发现的爪哇人化石正是由于没有与工具一起发现而在相当长时间里被看做是猿而不是人。1924年发现第一例南方古猿化石也有同样的遭遇。北京人遗址发现大量石制品，直立人（北京人和爪哇人）获得了做"人"（Homo）的"入场券"。

周口店在10年里到底出土了多少件石制品呢？贾兰坡常对同事提起："我们常说北京人遗址出土的石制品总数不下10万件。有人说这个数说大了，其实不止。为什么呢？这个数是刘宪亭先生和我在抗日战争胜利后清点从西南大后方运回北京的标本的一个大概结果。北京人的脉石英制品尺寸很小，全部清点不易。我们只好随机抽查一些抽屉，然后按抽屉数目推算出这个保守的总数来。"

动物的骨和角也被北京人用来制作工具。这类制品在周口店的出土物中占有一定分量。不过，除了20世纪30年代法国史前学家步日耶研究过部分标本并发表专著外，后来实际上没有人再系统地研究过。这部分材料被当作一般碎骨而和动物化石放在一起，是尚待"发掘"的重要考古资源。关于骨角制品的情况将在后面介绍。

在北京人遗址约50米厚的堆积层里发现了几层灰烬。其中以灰烬为主要成分的第4层最厚处可达6米。灰烬里有大量被火烧焦、烧裂的兽骨和石块，以及被烧焦的、表面呈灰白色的朴树浆果的果核。发掘时甚至发现了一块紫荆树木炭。在周口店发现的用火证据，把人类用火的历史提早了好几十万年。此前，欧洲尼安德特人被认为是人世间的"普罗米修斯"，是从上帝那里为人类第一次偷来"天火"的神。其实，尼安德特人化石的年代一般不超过距今10万年，比北京人晚了好几十万年。

## （二） 动植物化石

北京人遗址出土的动物化石十分丰富，除少量爬行类和两栖类动物外，数量最多的是哺乳类和鸟类。对于哺乳动物化石，先后参加研究的前辈科学家很多，如师丹斯基、杨钟健、裴文中、卞美年等。他们于 20 世纪 30 年代系统地研究了食虫类、翼手类、灵长类（不包括人）、啮齿类、食肉类、偶蹄类、两栖类和爬行类。到 20 世纪中期，裴文中、贾兰坡、周明镇、柯登（B. Kurten）、卡尔克（H. D. Kahlke）、胡长康、刘后一和周本雄等又结合动物群的时代、环境对某些门类重新进行研究。上述工作和研究成果是整个周口店研究的基础之一。

哺乳类化石共计 9 目 97 种。9 个目是：包括北京人在内的灵长目、食虫目（如麝鼹、刺猬等）、翼手目（各种蝙蝠）、啮齿目（种类繁多的鼠类和箭猪）、兔形目（野兔和几种鼠兔）、食肉目（种类繁多，从小型食肉类如狐、獾、鼬、貉到大型食肉类如熊、鬣狗、剑齿虎、虎、猎豹等）、长鼻目（只有纳玛古菱齿象一种）、奇蹄目（有双角犀、披毛犀和三门马）和偶蹄目（种类繁多，有野猪、骆驼、各种大小鹿类、羚羊、水牛等）。此外，北京人遗址出土的两栖类有蟾蜍科的 *Bufo bufo* cf. *asiaticus* 和 *Bufo raddei*，爬行类有蛇舅母科（Lacertidae）的一个种（与麻蛇子 *Eremias argus* 类似）和蛇类（Ophidia）一个种[2]。

在北京人遗址里发现数量如此巨大、门类如此丰富的哺乳动物群化石意义重大。首先，它们为我们了解北京人时代周口店一带的气候和生态环境提供了比较充分的依据。我们可以根据每层出土的不同种类动物的生活习性，按"以今证古"的原则复原当时的气候和生态环境。其次，更加重要的是，使我们判断北京人的生存时代有了坚实的生物学依据。因为我们可以根据生物进化的规律，去分析北京人动物群中古老的残存种占多大比例，新生种占多大比例，而典型的当代种又占多大比例，然后对时代给出适当的判断。这就是传统的生物地层学方法。它不但是同位素年代学和磁性地层学出现以前的主要年代学方法，而且，即使在各种测年方法空前发达的今天，古生物地层学方法依旧是旧石器考古年代学的基础，是检验其他方法可靠性的重要依据。最后，动物化石为我们了解北京人的经济生活提供依据。譬如说，北京人除了采集野果、块根、嫩叶等植物和捕鸟等充饥之外，是否还靠打猎为生？如果是，他们一般捕捉哪些野兽？凭借什么方法捕捉、又使用什么工具或武器呢？这些问题都要靠分析遗址出土的动物化石来寻找答案。

关于周口店各遗址的鸟类化石，最初杨钟健于 1932 年在《周口店第 2，7，8 地点之脊椎动物化石》[3]一文里记述过第 2 地点出土的一种白肩雕（*Aquila heliaca*）。1935 年寿振黄在中国地质学会志第 14 卷第 1 期上发表《周口店鸟类化石之初步观察》，简要报道过山顶洞出土的鸵鸟化石。但是，这些很有限的工作和周口店鸟类化石的丰富程度很不相称。1978 年开始的多学科综合研究计划，把鸟类化石研究作为一个补缺项目，由鸟类学家侯连海承担。

侯连海对 1927 年开始至新中国建立以来第 1 地点历次发掘中采集的上千件鸟类化石标本进行了一次清理，鉴定出 9 目

19 科 62 种。这批化石数量之大，种类之多，不仅国内遗址未曾有过，即使在迄今为止的世界早期人类遗址中亦未有所闻。这 9 个目是鸵形目、鹤形目、隼形目、鸡形目、鸽形目、鹦形目、雨燕目、䴕形目和雀形目。各目数量极不平衡。例如，鸵形目只有安氏鸵鸟 1 个种。隼形目有鵟、鹰和雀鹰等 3 个种，都是一些猛禽。鸡形目有各种野鸡、鹌鹑等 6 个种。鸽形目有 4 个种。鹦形目 2 个种。雨燕目有 2 个种。䴕形目（啄木鸟就是这个属的）有 3 个种。雀形目共计 47 个种。上述化石以鸡形类和雀形类的数量最多，它们中多半是北方繁殖的鸟类，而草原、沙漠种类如沙鸡、百灵等就有 10 个种以上。相反，真正的水鸟类，如雁、鸭之类则没有发现。这种成分结构可能反映昔日周口店一带气候总的说来属于温带性质，水域不广。不过，雀形类等鸣禽主要以野果和种子为食，又表明昔日周口店附近植被茂盛，一片鸟语花香。

第 1 地点的鸟类化石有大量被火烧过，表明鸟肉被列入北京人的食谱，他们是捕鸟者。鸟类化石以中、小型种类居多，又表明北京人的捕鸟能力和爱好。在这一点上，北京人遗址与山顶洞遗址差别明显。后者出土的鸟类化石中猛禽很多。另外，第 1 地点发现的 62 种鸟类化石中绝大多数是留鸟和旅鸟（繁殖鸟），鸵鸟只发现蛋化石，而冬候鸟只有毛腿沙鸡、云雀、沙百灵鸟和白头鹍等几种。这种成分结构表明北京人主要在夏天鸟类繁殖期捕鸟[4]。

植被是地球生态系统的重要组成部分，也是人类食物的主要来源。植物考古作为考古研究的一个重要部分，就是要通过植物化石来复原遗址周围的植被状况、当时的气候环境和变迁的历史。同时，植物化石还可以帮助我们了解当时人类的经济生活、食物结构以及早期人类对植物资源的开发利用。一般情况下，古生物学家要靠分析保存在堆积物中的孢粉（孢子和花粉）化石来达到上述目的。另一个途径是发现保存在遗址堆积里的植物叶、茎和树干等肉眼可见的"大化石"。1978年冬组织周口店综合研究计划时，孢粉分析作为重要课题被列入其中，后来取得了很好的成果。有关这方面的情况将于后面讨论北京人生活环境时再作介绍。现在谈的是"大化石"，即肉眼可见的植物遗体。

洞穴遗址发现植物遗体的机会极其罕见。因为比较高等的植物需要阳光而不能生长在黑暗的洞里。不过，北京人遗址是一个例外。早年发掘中竟发现了紫荆树的炭块和朴树浆果的内果皮（endocarps，为方便起见称之为朴树籽的核膜）和果核。而且，核模和果核在好几个文化层里（Zone A，Zone B 和 Zone C）都有发现。其中，有些地方的朴树籽核膜堆积成一团一团的，数量不少。它们有的保存完整，多数则是带角的碎屑。灰黑色，已炭化，与烧骨、烧石、灰烬、石制品和北京人化石混杂于角砾层中。

上述紫荆（*Cercis*）和朴树（*Celtis*）化石由美国加州大学古生物教授钱耐（Ralph W. Chaney）负责研究，论文分别以《与中国猿人化石共生之紫荆》[5] 和《北京人之食物》发表[6]。根据他的鉴定，北京人遗址发现的朴树化石可以归入先前在华北马兰黄土层发现的朴树巴氏种（*Celtis barbouri*）同种，不过周口店朴树籽核膜的尺寸大一些。钱耐在报告里通过对比北美现生朴树的生态环境、印第安人对朴树的利用，来讨论此种植物化石在周口店发现的意义。

根据钱耐的介绍，朴树是一种适应半干旱气候环境的植物，其化石见于北美始新世到更新世地层，在亚洲则仅见于上新世到更新世。在北美的晚更新世地层，朴树籽化石与野牛化石和石器共生。一起发现的植物有桧、松和橡等，都是一些生活在雨量少的地区和树种。在河北、山西一些山坡和石山沟谷中也能找到现生的朴树。朴树在美国西南部大峡谷地区很常见。它们多半生长在河边。1990 年 5 月黄慰文访美期间在亚利桑那州北部大峡谷考察时，十分关注这种与北京人有关系的树种。那里是干旱区，但是长在河岸的朴树还是有六七米高。如果在离水源较远的地方，朴树常常成了不起眼的灌木丛。总之，朴树和喜湿喜热的紫荆不同。紫荆今天生长在我国南方的两广和福建等地，在香港特别行政区还被市民选作市花。朴树则是一种反映半干旱气候环境的植物。上述化石大量出现，表明北京人时代经历多次由湿润到干燥的气候波动。

钱耐在报告里用不少篇幅讨论朴树浆果核膜为何出现在北京人堆积层里，是自然因素还是人类所为？他承认文化层里那些成团的核膜在堆积过程中有过自然力（洞内暂时性流水的搬运）的参与，但认为这种作用有限。因为，混杂于角砾岩层中的文化层不是河流作用形成的砂层或砾石层，而是洞穴脱离地下水影响后才形成的普通洞穴堆积。他继而讨论了动物的因素。他说啮齿类和鸟类都有食野果的习性，而许多啮齿类和鸟类本来就是穴居者，因而完全有资格和机会参与朴树籽和核膜的堆积。北京人遗址出土的这两个大类的动物化石很多，因此不能不重视动物行为。不过，钱耐仔细观察了北京人遗址的朴树籽核膜后，没有发现其上有任何啮齿类咬痕（这类咬痕很有特色，比较容易识别）。而实验观察表明，啮齿类一般只吃干皮和果肉，并无为了吃浆果的内核而吐丢核膜的习惯。鸟类爱吃果肉，但不吃果核。况且，洞内出现数量如此之大的核膜无法用啮齿类或鸟类的行为来解释。钱耐也想到猴子，因为北京人遗址也发现猕猴化石。但观察表明我们人类这位生性活泼的远亲具有不尽相同的习惯。它们食朴树浆果时，咀嚼、咬啐后即来个囫囵吞枣，全部咽下而无需吐皮。

排除上述种种因素后，钱耐把北京人推到前台来。为了加强他的推断，他引用了大量北美印第安人的民族学记录。这些记录表明，北美印第安人既生食朴树浆果果肉，又将果核碾成粉末制成调料供食用肉类或玉米时用。食果肉时，吐皮吐核。处理果核前，会将核膜咀嚼吐掉。在这种情况下，核膜及其碎片可望保存下来。据钱耐本人观察，此时产生的核膜碎片的大小、形状与北京人遗址所见相似。上述观察结果可以作为周口店第 1 地点是北京人之"家"的有力证据之一。

## （三） 地质剖面

周口店第 1 地点是一处洞穴堆积，厚度大，蕴藏的古生物化石、人类化石、文化遗物以及其他地质信息极其丰富。这样的地点对于研究地区的地质发展史和全球环境变迁十分难得。不过，洞穴堆积结构复杂，与一目了然的露天遗址有很大的不同。洞穴遗址的堆积剖面只能随掘进深度加大才逐步暴露出来。因此，这一类遗址的地层往往要花上很长的时间才得以"一览无余"。周口店第 1 地点从开掘到今天已经 80 年，但尚未挖到洞底，研究者对于已暴露堆积物的分层与成因亦远远未达成共识。

第 1 地点经过 1927～1932 年、1934～1937 年和 1949 年以

来的多次发掘，至 1958 年将大约 40 多米厚的堆积（如果从海拔大约 128 米的现存堆积顶部起算，向下至海拔 91.7 米的掘进底部，其垂直距离只有 36 米）划分为 13 层。其中，第 1～10 层是德日进和杨钟健于 1929 年划分的。在 1933 年发表的《中国原人史要》一书的剖面图里，增加了第 11 层。后来，1949 和 1951 年接着深挖，分层增加到 13 层。

下面，根据贾兰坡 1959 年发表的《中国猿人化石产地 1958 年发掘报告》[7]，将产化石的第 1～13 层岩性描述如下：

第 1～2 层：含化石的角砾岩，中间夹有砂土和钟乳石的混合层，厚约 4 米。

第 3 层：含化石的粗角砾岩层，下有巨大的石灰岩块，是洞顶下塌所致，该层厚约 3 米。

第 4 层：含化石的灰烬层，也叫"上文化层"（Cultural Zone A），内有烧骨、烧石，厚约 6 米。

第 5 层：含化石的黑青色硬灰层，或为上文化层的底部，厚约 1 米。

第 6 层：含化石的角砾岩层，胶结坚硬，有大石灰岩块，厚约 5 米。

第 7 层：含化石的深灰色细砂层（含云母），西部松软，东部局部坚硬，厚约 2 米。

第 8～9 层：含化石的角砾岩层，内夹有厚薄不一的灰烬，也叫"下文化层"（Cultural Zone B）。它们与 1931 年发掘的鸽子堂文化 B 带相连。1936 年发现的 3 个最完整的北京人头骨即出自此层，厚约 6 米。

第 10 层，上部为含化石的红色土层，下部为一薄层灰烬，也叫"底部文化层"（Cultural Zone C），总厚约 2 米。这一层可能与鸽子堂的石英Ⅱ层（Quartz horizon 2）相连。

第11层，含化石的角砾岩层，厚约2米。

第12层，红色砂层，化石呈白色，量少而破碎，棱角被冲磨，厚约2米。

第13层，泥砂层，中夹红色或灰色砂的透镜体，底部多巨大石块，化石较少，上有相当厚的鬣狗粪层，总厚约2米。向下为砾岩（图三六）。

当时，贾兰坡估计快接近洞底了。因为不仅见到"底砾岩"层，而且还见到地下水，表明这里的高度与洞外的坝儿河（在一些文献上也叫周口河）大约持平。但是，1978年开始综合研究计划时，为了探明洞底，在洞厅中部南、北裂隙与主洞相交处（E2与F2交界的中线）各开一个探井，从过去的第32水平层（L32，海拔91.70米）向下挖了10米，到达第42水平层（L42，海拔81.70米），比现代的坝儿河河床低4.1米，真正的洞底还是没有见到。对于探井出露的堆积，又划分成3个层。

负责研究周口店地区洞穴发育及其与古人类生活的关系课题的南京大学任美锷教授等根据探井揭露的地层，认为第1地点是一个大型垂直型溶洞，洞室的形成不能用常规水平溶洞发育规律来解释。换句话说，不仅它本身不能用高程来与洞外河流阶地直接联系对比，其堆积的地层，即使同高度的洞穴，或甚至同一洞穴内或一条岩溶裂隙的不同部位，时代差别也很大。尽管迄今未从这些堆积里发现化石，但它们对于了解北京人出现在周口店时的地质背景、特别是解释早期人类对这个洞穴如何利用甚为重要。因此，我们特地根据杨子赓等组成的地层考察分组提交的报告[8]，多花些篇幅介绍如下：

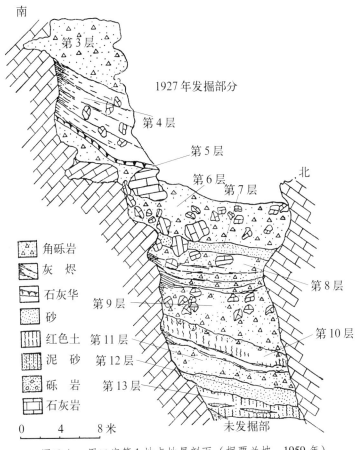

南

第3层

1927年发掘部分

第4层

第5层

第6层　第7层

北

角砾岩
灰　烬
石灰华
砂
红色土
泥　砂
砾　岩
石灰岩

第9层

第8层

第11层

第12层

第13层

第10层

0　　4　　8米

未发掘部

图三六　周口店第1地点地层剖面（据贾兰坡，1959年）

　　第14层，棕红色黏土质粉砂层，分上、下两层，两层间为渐变关系。上层砾石较多，砾石的磨圆度一般较好，圆与次圆状者居多，少数为次棱角状。无定向排列，散布于黏土质粉砂中，呈基底式胶结。砾石岩性以粗中粒石英岩、细粒绢云母砂岩、变质粗砂岩、含泥质砂质粉砂岩、含铁绿泥石—绢云母片岩、角岩、千枚岩、砾岩等。除砾岩和角岩砾石外，其余砾石几乎全部风化。砾石砾径较大，一般5～15厘米，最长达35厘米。偶夹石灰岩角砾。局部黏土质粉砂呈团块状，厚1.6米。

这一层下部含砾石较少，黏土质粉砂较多。砾石分布杂乱无章，局部较密而另外部分零散。磨圆度为次圆与圆，成分与上层一致，风化程度中等，砾径比上层的小。粘土质粉砂在局部富集成不规则的层状。该层下部呈楔状切入第15层中，层面交界线很陡，达60°以上或近于垂直，厚0.7～3.25米。

第15层，棕红色砂砾层，分上、下两部分。上部为砂砾石层。砾石磨圆度好，为次圆至圆，无定向排列。砾石成分以绢云母砂岩、石英砂岩、粉砂岩、千枚岩等为主，风化较深，较大的砾石几乎全部风化，砾径一般为2～10厘米，基底式胶结，胶结物为棕红色含黏土质砂。在该层内发现少量表面带有溶蚀现象的石灰岩角砾。本层顶部因第14层楔状切入而呈侵蚀间断面。本层产状陡峭，倾角达60°左右，厚1.3～1.6米。

这一层下部为红棕色含零星细砾的粉砂质细砂和砂—粉砂—黏土层，夹褐灰色及棕红色黏土团块和透镜体。该层产状亦甚陡峭，倾角50°～60°，厚0.45～1.2米。此层之下，为明显的侵蚀面。

第16层，产状倾斜，倾向为80°，倾角10°。顶部被侵蚀，侵蚀面切穿层理，并具有垂直于层面的裂隙，裂隙中充填了与第15层岩性一致的棕红色粗砂。本层厚度在顶面被侵蚀后仍残存1.05～2.5米。

第17层，含砾石的粉砂质粗砂层。砾石砾径较小，以细砾为主，少量达2厘米左右，磨圆度好，主要成分为砂岩、粉砂岩、绢云母砂岩、石英砂岩和千枚岩。砾石散布于砂层里，砂砾层夹有棕色粉砂质黏土。顶部与第 16 层接触面上断续分布着角砾和砾石，厚约 3 厘米。本层西北侧已见石灰岩洞壁，但未见洞底，堆积层出露厚度 0.7 米。

### 注　释

［1］ Pei, W. C. 1931. Notice of the discovery of quartz and other stone artifacts in the Lower Pleistocene hominid – bearing sediments of the Choukoutien cave deposit. *Bulletin of the Geological Society of China*, 11：109～139.

［2］ 卞美年《周口店第 1 第 3 地点之鱼类、两栖类、爬行类化石》，《中国古生物志》丙种第 10 号，1934 年。

［3］ 杨钟健《周口店第 2, 7, 8 地点之脊椎动物化石》，《中国古生物志》丙种第 7 号第 3 册，1932 年。

［4］ 侯连海《周口店第 1 地点鸟类化石》，载吴汝康等《北京猿人遗址综合研究》，科学出版社 1985 年版。

［5］ Chaney, R. and L. Daugharty. 1933. The occurrence of Cercis associated with the remains of *Sinanthropus*. *Bull. Geol. Soc. China*, 12：323～326.

［6］ Chaney, R. 1935. The food of Peking Man. *New Service of Bulletin*, *Carnegie Inst. of Washington*, 3：197～202.

［7］ 贾兰坡《中国猿人化石产地 1958 年发掘报告》，《古脊椎动物与古人类》第 1 卷第 1 期，1959 年。

［8］ 杨子赓、牟昀智、钱方等《周口店地区晚新生代地层研究》，载吴汝康等《北京猿人遗址综合研究》，科学出版社 1985 年版。

四 周口店研究热点

# （一）北京人的年代

任何一项考古研究，首先要回答的基本问题是遗址的年代。在这一点上，北京人要比爪哇人幸运得多。爪哇人化石产自有"千岛之国"之称的印度尼西亚（实际上它的大小岛屿远不止此数）。这些岛屿绝大多数是上新世以来海底火山喷发所形成。爪哇岛就是其中的一个大岛。岛上火山众多，有些还不时喷发。爪哇人化石被埋藏在经过河流作用再沉积的火山灰地层中，原始层位不好确定，又缺少足够能说明时代的共生的哺乳动物化石，因而年代问题长期争论不休。北京人化石的地质背景不同。它们出自一处厚达40多米的连续的洞穴堆积，每层都有共生的动物化石和文化遗物或遗迹。层位明确，十分便于年代学研究。当然，旧石器考古年代学是随着相关学科、尤其是物理学和化学的分析、测定技术而发展起来的，北京人遗址的年代学工作自然也经历了一个逐步完善的过程。

在地球进化史中，第四纪是人类进化的时代。这个在地质年表中时间最短的"章节"从大约260万年前开始（国际上流行的年表从距今180万年算起），然后一直延续到今天。第四纪由两个长度相差悬殊的段落组成，前一个叫更新世，几乎占了整个第四纪；后一个叫全新世，从距今大约 1 万年算起。与国际上流行的两分法不同，中国的更新世一般再划分为早、中、晚三期。在中国北方，按照地层和动物群的性质，更新世早期也叫泥河湾期，以泥河湾盆地（其范围覆盖河北省北部的阳原县、蔚县和山西省北部的阳高县一带）的河湖相沉积层和泥河湾动物群为代表。同期的黄土称为"午城黄土"（命名地在山西舞城）；更新世中期也叫周口店期，以周口店的洞穴堆积和洞外同期的黄土堆积（过去叫"红色土"或"老黄土"，现在叫"离石黄土"，命名地在山西离石）以及周口店动物群为代表；更新世晚期以马兰黄土（命名地在北京房山区斋堂的马栏台）、萨拉乌苏河湖沉积和萨拉乌苏动物群（命名地在内蒙古南部伊克昭盟即今鄂尔多斯市乌审旗的萨拉乌苏河沿岸）为代表。

早年，在周口店工作的科学家们主要根据遗址出土的哺乳动物化石分析，得出北京人遗址的时代介于泥河湾期与马兰黄土期之间，为更新世中期的结论。北京人遗址出土了近百种哺乳动物化石，它们可以分为三类。第一类是泥河湾期、甚至更古老的上新世动物群的残存种属，如剑齿虎、居氏大河狸、中国貘、梅氏双角犀（又叫周口店犀）、三门马以及通常只限于南方生存的剑齿象、貘和爪兽等。第二类是代表真正的更新世的种属，如纳玛古象、披毛犀（又叫燕山犀）、肿骨大角鹿、洞熊、中国鬣狗和杨氏虎等。第三类是一些"超前"出现的现代哺乳动物，如狼、褐熊和许多小型啮齿类动物。对上述三种成分权衡的结果，北京人遗址在时代上正好处于泥河湾期和马兰黄土期之间。

上述结论给我们提供了关于北京人生存时期的"相对年

代"，但还没有告诉我们北京人时代的"数值年龄"（过去也称"绝对年龄"），即离今天有多少万年。不过，这种年龄不是地层学方法（如岩石地层学、生物地层学和地貌学等）可以提供的，要靠同位素年代学方法进行测定。1978年以来，中国科学院古脊椎动物与古人类研究所组织了许多单位对北京人遗址进行铀系法（Uranium – Series）、裂变径迹法（Fission Tracks）、热释光法（Thermoluminescence，简称TL）、电子自旋共振法（Election Spin Resonance，简称ESR）和氨基酸外消旋反应法（Amino Acid Racemization）等多种方法的测定，获得良好的结果。尽管由于各种方法测定的对象（样本）和依据的原理不同而得出的结果存在一定的差异，但总的来说比较吻合。

与此同时，还进行了古地磁学方法（Paleomagnetic analysis）测定。这也是一种获得相对年代的方法，但原理与生物地层学、岩石地层学的方法不同。在地球成长的历史过程中，岩石或沉积物中矿物的剩余磁性记录着这些物质在冷却、沉积或蚀变时地球磁场的极性特征，这便是古地磁研究的基础。科学家根据熔岩流的钾/氩法（$^{40}K/^{40}Ar$）、氩/氩法（$^{40}Ar/^{39}Ar$）测年和海洋磁性异常建立起最近10亿年以来的地球磁极性年表，并给出全球性的极性倒转与年代地层的相互关系，使得古地磁测年在地球各地应用与进行地区间的对比成为可能。这种方法适用于像北京人遗址这样的连续而且厚度又比较大的堆积，同时又含丰富的哺乳动物化石的地层剖面。上个世纪70年代末开始的综合研究中，古地磁测定由两个实验室独立进行，结果测出的布容/松山（B/M）期界限分别位于堆积下部的第13层与第14层之间或第12层与第13层之间。B/M界限的年代当时定在距今 69 万年，后来调整为距今 73 万年。现在，随着同位素测定技术的改进，这个界限已经重新确定在距今 78 万年或 79 万年。换句话说，迄今已知北京人化石的最低层位——第 11 层已超过距今 60 万年，而石器的最低层位——第 13 层已达到或稍稍超过距今 78 万年。顶部堆积（第 1 ~ 2 层）则为距今 30 万年左右[1]。上述年代学研究使北京人生存时代第一次可以用数值年龄来表述。它们是中国科学家对国际古人类学和旧石器时代考古学以及第四纪研究的重大贡献之一（表一）。

作为世界上最早发现的两种直立人化石，北京人与爪哇人的年代大体相当。在 20 世纪 50 年代之前，它们是最古老的化石人类的代表。此后，在东非奥杜韦峡谷发现距今 175 万年的能人化石，直立人成了人类进化第二阶段的代表。而直立人生存的时间，无论向前追溯还是向后延伸，其范围都扩大了许多。根据迄今已知的材料，最早的直立人化石可以追溯到距今 200 万年左右。如爪哇的"佩宁小孩（Perning child）"（过去称"莫佐克陀（Mojokerto）人"，距今 186 万年）、我国的元谋人（距今 170 万年）、蓝田人（距今 115 万年）、巫山人（距今 200 万年）、格鲁吉亚的德玛尼西（Dmanisi）直立人（距今 175 万年）、东非肯尼亚库比福拉（Koobi Fora）的直立人头骨化石（距今 160 万年）和坦桑尼亚奥杜韦（Oldovai）的直立人头骨化石（距今 140 万年），等等。晚期直立人生存年代可以延续到距今 30 万年左右，如我国的安徽和县人、南京汤山人，等等。

**表一　　　　　　　　　周口店第一地点年代测定**

| 方法<br>分层 | 古地磁<br>（PM） | 裂变径<br>迹（FT） | 热释光<br>（TL） | 电子自旋<br>光振（ESR） | 铀系（U—S） | |
| --- | --- | --- | --- | --- | --- | --- |
| | | | | | 骨化石 | 碳酸盐岩 |
| 1~3 | | | | $221 \pm 84$<br>$282 \pm 45$ | $220-270$ | $410 \pm 10$ |
| 4 | | $299 \pm 55$ | $292 \pm 26$ | | | |
| 5 | | | | | | $\geq 600$ |
| 6 | | | | | 350 | |
| 7 | | | | | 360 | |
| 8~9 | | | | $418 \pm 48$ | $>350$ | |
| 10 | | $462 \pm 45$ | $610 \pm 10$ | | $340^{+100}_{-60}$ | |
| 11 | | | | | | |
| 12 | | | | $578 \pm 66$ | | |
| 13 | $\dfrac{B}{M}$780 | | | $669 \pm 84$ | $310^{+70}_{-50}$ | |
| 14 | | | | | | |
| … | | | | | | |

（1）PM：Paleomagnetic，ESR：Electron spin resonance，FT：Fission tracks，TL：Thermoluminescence，U–S：Uranium–series. （2）本表数据出处除正文提到的以外，尚有刘顺生等，1985；郭士伦等，1991；裴静娴，1985；黄培华等，1991；陈铁梅等，1984；赵树森等，1985；沈冠军等，1991、1996和1999。

# （二）北京人的生活环境

　　北京人生活在什么样的环境里？当时周口店周围的气候、植被、动物以至地貌情况如何？早期研究者对这些问题亦多有探讨。然而，限于当时的科学水平和条件，用来分析环境的证据主要是遗址出土的动物化石。而当时动物化石研究着重于种属鉴定，具体操作上又多半把在几十万年里形成的40多米厚的堆积所出的化石放在一起描述。凭这样的材料复原出来的古环境，只能是一幅"多彩多姿"、但往往并不那么协调的拼合画。它既有沙漠（根据骆驼、鸵鸟化石），也有河流、湖泊（根据水獭、大河狸和河狸化石）；既有草原（根据三门马、鬣狗、羚羊和一些鹿类化石），也有森林（根据剑齿虎、豹、熊、狼、貉等食肉动物和硕猕猴、犀牛等化石）；附近既有温暖潮湿的林地（根据德氏水牛等化石），同时又有高寒山地或草甸（根据旱獭、披毛犀化石），等等。而且，几十万年间气候变迁无清楚的轨迹可寻。

用动物化石分析环境做起来确实有诸多困难或局限性。因为在组成北京人动物群的近百种哺乳动物中，相当多对环境有很强的适应性，不能作为"环境指标"。再除去尚未鉴定种属的或层位不明以及在战乱中丢失的标本，能够用作分析环境的标本，既有明确层位记录而又对气候变化敏感的动物大约只占20%左右。1978年，贾兰坡根据过去北京人遗址动物化石出土记录进行分析，获得下面结果：

在北京人遗址的下部地层（第11～10层）含喜冷和比较喜冷的哺乳动物有蒙古旱獭、复齿旱獭、扁角鹿、洞熊、德氏狸和中国短吻鬣狗等；喜暖和比较喜暖的动物很少，只有梅氏犀一种。至第8～9层，喜暖和比较喜暖的动物，增加了硕猕猴、纳玛古棱齿象、德氏水牛、豪猪和柯氏西藏熊等；喜冷和比较喜冷的动物增加了肿骨鹿一种，喜冷和喜暖的动物几乎各占一半，显然是代表由冷向暖的过渡。第4层（即灰烬层）喜冷或比较喜冷的动物只有喜暖和比较喜暖动物的 1/4，代表北京人在周口店居住期间最温暖时期。至第 1~3 层（即堆积的顶部）喜暖的动物仍比喜冷的动物为多，表示仍是温暖的气候[2]。

1978 年开始的多学科综合研究中，古生物学家胡长康根据以往发掘的化石记录，对化石进行比较详细的分层研究，着重分析它们所反映的生态环境。根据她的研究，第 10~11 层发现的食肉类有剑齿虎、豹、猞猁、棕熊和洞熊等 10 种。它们多半是典型的森林动物。偶蹄类中的李氏野猪、葛氏斑鹿、肿骨大角鹿也是森林动物。奇蹄类有 2 种，即周口店犀（过去叫梅氏犀）和三门马。啮齿类有 5 种，其中的仓鼠生活于森林—草原地带。

第 8~9 层的化石中，食肉类占绝对优势，共 17 种，如狼、变异狼、豺狗、柯氏西藏熊、棕熊、洞熊、獾、中国鬣狗、剑齿虎、猎豹、猞猁，等等。它们中绝大多数是典型的森林动物。啮齿类只有 3 种，即居氏大河狸、旱獭和豪猪。奇蹄类 3 种除周口店犀和三门马外，还有燕山犀（即过去的披毛犀）。偶蹄类有 5 种，即葛氏斑鹿、肿骨大角鹿、盘羊、裴氏转角羚羊和德氏水牛。上述化石种类以森林动物为主，草原动物比例较低。

第 7 层为砂层，未发现北京人活动证据，动物化石也少，但有适应水栖的水獭。

第 6 层出土化石数量与各层相比处于中等水平，无特殊种类，多半是典型的温带动物。

第 5 层的化石中食肉类占绝对优势，其他动物少，未见奇蹄类、长鼻类、兔形类和翼手类动物。此时洞穴有可能被鬣狗占据。

第 4 层化石以啮齿类占优势，食肉类只有变种狼、柯氏西藏熊和棕熊，反映了一种以草原为主的生态环境。

第 1~3 层的化石成分和第 6 层相似，但其中的中国鬣狗已被最后斑鬣狗所取代。同时也缺少其他地层出土的一些性质古老的食肉类，如剑齿虎和德氏猎猁等，说明堆积的时代比较晚[3]。

胡长康与贾兰坡所得出的结论有一定差别，尤其是关于第 4 层和第 8~9 层。考虑到胡的分析有较好的数量统计，其结论可能更加符合实际。另外，在 1978 年开始的多学科综合研究中，采用了新的分析手段来复原古环境，使精确度有了很大的提高。下面，介绍古植物学家运用孢粉分析复原古植被，地质、地理学家运用岩性分析、土壤分析和地貌学手段复原古环境的成果。

在这次多学科综合研究中，由中国科学院植物研究所、古脊椎动物与古人类研究所、河北地质学院和地质部天津地质矿产研究所十多位古植物学家、地质学家组成的研究小组负责孢粉分析工作，以便恢复自几百万年前的上新世以来周口店一带的气候变化和植被演变历史。与植物残骸不同，孢粉分析的对象是植物生长期间散落在附近堆积物里的花粉和孢子。它们不易被风化，能长期在地层里保存下来。根据实验室分析的结果，古植物学家能够为我们提供一幅周口店一带古气候和植被变迁的画卷。现摘要介绍他们的结论：

以第 1 地点第 17 层向上至底砾层代表的早更新世（距今 260 万~78 万年）：前段为以榆、栎、椴、桦、松组成的暖温带针阔叶混交林，到暖温带针阔叶混交林兼草原，洞穴附近温带旱生的卷柏和苔类繁盛，气候由温暖到温暖偏干；

第 10～11 层（距今 70 万年前后）：由胡桃、栎、榆、鹅耳枥、松、蒿和藜等组成的森林草原，气候温暖偏干；

第 8～9 层（距今 65 万～50 万年前后）：温带落叶阔叶林，温暖、潮湿，是北京人时代气候最好的时期；

第 7 层（距今 50 万年前后）：温带落叶阔叶林兼草原，此期前后较为干旱，中间适宜；

第 1～4 层（距今 40 万～30 万年前后）：温带针阔叶混交林，后期灌丛草原扩大，气候温暖而比较干燥。

根据周口店附近洞外地层采样进行孢粉分析，进入晚更新世后期的末次冰期（距今 7 万～1 万年），植被由以云杉、冷杉为主的暗针叶林到以藜科、蒿、禾本科为主的草原，再到以云杉、冷杉、松、落叶松为主的暗针叶林的更迭，反映冰期气候由湿冷到干冷再到湿冷的变化。

距今 1 万年左右，冰期结束，地球进入包括今天在内的冰后期（又称全新世）。这期间气候仍有幅度较小的波动，周口店一带的植被也出现以椴、栎、松为主的针阔叶混交林到以松、冷杉和桦等组成的针阔混交林，再到以栎、榆、榛、胡桃、桑等组成的温带落叶阔叶林，最后到今天的以松、栎为主的针阔叶林和草原扩展的植被状况[4]（各层数值年龄由本书作者加注）。

由中国科学院地理研究所、北京大学和北京师范大学谢又予等地理学家组成的考察组对遗址堆积进行沉积岩石学研究，认为“北京猿人生活时期的古气候总的看来比今日略温暖些，或大致相当。温暖时大约相当于我国淮河流域的气候。这可从第一地点洞穴堆积物中灰岩碎块的风化度，黏土粒级的硅铝率，微量元素锌、锰、铜、钒、锶、钡等的含量比值，可溶盐全盐量，碎屑轻矿物中石英、长石比值，重矿物中稳定、不稳定矿物比值和黏土中高岭石与水云母的比值等综合比较得出。在此较温暖的背景上存在凉、暖，干、湿的气候波动。可划分出六个气候幕，但均未见有利于冰川发育的气候条件"[5]。

土壤是气候变化的标志，土壤学在古环境分析中具有特殊重要作用。早年研究者曾注意到周口店附近平原上似乎有上新世红土与中更新世红色土发育，因而推测当时周口店所处纬度或许比今天（北京今天所处纬度接近北纬 40°——本书作者注）为低[6]。北京人遗址是洞穴堆积，而洞外保存的土壤剖面残缺不全，但中国科学院西北水土保持生物土壤研究所唐克丽等土壤学家们，在土壤学前辈朱显谟指导下，于 1978 年开始的综合研究中仍做了大量的野外和室内工作，取得了出色的成果。他们在报告的结论部分写道：

经过对猿人洞内上下各层堆积物的肉眼观察，除第四层见有明显的潜育作用外，其他未见有什么成壤作用，或为成岩作用大大超过了成壤作用。经过理化分析、黏土矿物和微形态等研究，洞内堆积物中的细土，大体上与洞外各期形成的土壤及其侵蚀物相适应。这就给了我们对猿人生活时期的生活环境的推测以很大启示。猿人在洞内生活期间，给猿人洞堆积物留下了深刻而明显的佐证，如灰烬、石制品及烧骨等。从这些东西的有无和分布情况来看，猿人在洞内先后生活活动的时间约达三四十万年。这一段时间内，适为黄土高原的红色土层沉积时期，而这些洞内堆积物中细土的特征，又恰和褐土型土壤相似。拿黏土矿物来说，就是以水云母为主，高岭石、蒙脱石为副，或含量甚少，当然高岭和蒙脱的含量层又有一定的变异规律，而其规律也恰和整个气候的变异倾向相一致。

倘从目前成土条件和黄土高原相比，来推测周口店猿人生活时期的环境条件，那末，当时主要是温暖半湿润气候。平原是森林和森林草原植被，山地为森林植被或为针阔混交林植被。倘与地区相比，则猿人生活初期的气候相当于河南南阳以北黄河以南地区，而后逐渐向北偏移[7]。

## （三）北京人的进化位置

按当今流行的观点，北京人在进化系统上定位于直立人（*Homo erectus*）。人类学家得出这个共识经历了一个不短的过程。当 1890 年在爪哇第一次发现直立人化石的时候，化石的发现者荷兰医生杜布瓦把这些遗骸看做是非常接近于人的类人猿，于是命名为人猿（*Anthropopithecus*）。后来，由于发现一根表明直立行走的大腿骨，推测其与最初发现的那个头骨属于同一个个体，于是给了种名，称之为人猿属直立种（*Anthropopithecus erectus*）或称"直立人猿"。到了 1893 年，杜布瓦改变主意，把他的发现明确地划归人类，并起用海卡尔建议的"猿人"（*Pithecanthropus*）为属名。这样，猿人属直立种（*Pithecanthropus erectus*）或简称"直立猿人"这个学名开始出现在学术刊物上。

1910 年，英国的哈登（A. C. Haddon）把原本分在人科里的猿人属划了出来，提升为一个介于猿科（Simiidae）与人科（Hominidae）之间的独立的猿人科（Pithecanthropidae）。当时，古人类学处于"多分"的时代。在这种背景下，步达生于 1927 年把周口店发现的北京人化石命名为 *Sinanthropus pekinensis*，一个与爪哇直立猿人平行的属，中译"中国猿人北京种"，简称中国猿人或北京猿人。随后，在其他地方发现的同类化石，如南非斯瓦特克朗（Swartkrans）的远人（*Telan-thropus*），北非阿尔及利亚突尼芬（Ternifine）的阿特拉人（*Atanthropus*），等等，都作为猿人科下面不同的属和种处理。

不久，人类学家们认识到如此众多的、带有浓厚"地方特色"的属名实无必要，反而使得早期人类在生物学上的亲缘关系被人为地弄得越来越乱。1939 年，主持世界上两个最重要的直立人化石产地研究工作的两位科学家，荷兰的孔尼华与主张"合并"的魏敦瑞聚会周口店。就在这次被南非古人类学家托拜厄斯（P. V. Tobias）誉为"历史性会见"的讨论中，魏、孔一致建议把中国猿人属（*Sinanthropus*）并入猿人属（*Pithecanthropus*），在同一个属内分两个种，即爪哇的猿人属直立种（中译"直立猿人"，*P. erectus*）和周口店的猿人属北京种（可称"北京猿人"，*P. pekinensis*）。

1950 年，迈耶（Ernst Mayr）认为：其实所有的直立种和似直立种并非属于不同的属，而都应合并于人属（*Homo*）并置于人属直立种（*Homo erectus*）名下。此后，亚洲和非洲发现的同一类型人类化石都使用今天人们熟悉的"直立人"（*Homo erectus*）名称，而"猿人"（*Pithecanthropus*）一词则逐步从大多数教科书和出版物淡出。考虑到不同的地理分布，作为一种"补偿"，一些人类学家主张在"直立人"之下建立地理亚种（以上关于直立人在人类进化系统上位置的认识过程，主要根据托拜厄斯在《人类学学报》1995 年第 14 卷第 4 期发表的《直立人及其在人类演化上的位置》一文——本书作者注）。例如，把爪哇人称为"直立人直立亚种"或"直立直立人"（*Homo erectus erectus*），北京人称为"直立人北京亚种"

或"北京直立人"（*Homo erectus penkinensis*），非洲的阿特拉人称为"直立人毛里坦亚种"或"毛里坦直立人"（*Homo erectus mauritanicus*），坦桑尼亚奥杜韦的称为"直立人奥杜韦亚种"或"奥杜韦直立人"（*Homo erectus olduvaiensis*），等等。同样，我国发现的蓝田人、元谋人、和县人、郧县人、巫山人、汤山人等，都照此办理。如此，直立人不仅存在于最早发现其化石的亚洲，同样也存在于非洲的事实，已经被越来越多的人类学家接受。

至于欧洲有没有直立人，那里同期的早期人类是否也应归入直立人呢？人类学家持不同意见。早在1907年在德国莱茵河流域发现的海德堡人，当时并未命名为猿人而是超前地使用了"人属"（*Homo*）的分类名称。不过，后来在匈牙利、希腊、法国、德国东部和西班牙等地陆续发现的此类化石，被很多研究者归入了直立人。

然而，关于直立人分类地位的讨论并未停止。一些人类学家主张用分支系统学方法将这些分布在如此广阔地域的直立人分成两个或更多的种。例如，有人将非洲和亚洲的直立人分成两组，理由是除了体质特征有差别外，反映"意识流"、智商和行为习惯等方面状况的"文化"也显著不同。其实，这些"理由"都站不住脚。就体质特征而言，不管是亚洲、非洲，还是欧洲的直立人，都拥有一些共同的或基本的特征，如左右眼眶的上方有一条粗壮的眉脊；颅顶有一条从前到后隆起的矢状脊；在颅顶与颅底之间交界处有一条弧形的枕骨圆枕。上述眉脊、矢状脊和枕骨圆枕是直立人头骨加固结构的基本要素，也成为直立人头骨十分显著的特征。此外，还有头骨骨壁厚、牙齿粗大、下颌缺少颏部，等等。这些都是各地直立人的共同

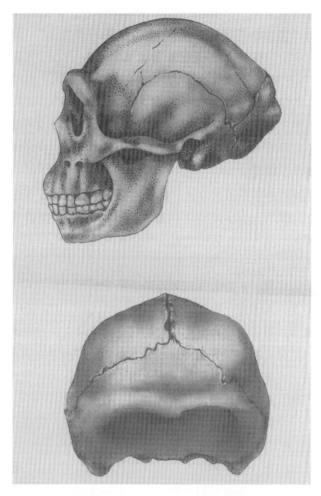

图三七　北京人头骨复原图

特征（图三七、三八）。

　　最近，中国和肯尼亚两国人类学家发表一项合作研究成果指出，对非洲早期直立人与中国直立人18项头骨特征对比研究，表明"一些被认为是局限于亚洲直立人的独有特征在上述非洲直立人头骨都有出现"，"存在于非洲直立人与中国直立人之间颅骨特征上的差别主要体现在特征的表现程度与方式的不同"。他们根据对比的颅骨特征，认为非洲直立人与中国直立人在颅骨形态上非常相似，两者之间的形态差异只反映了

图三八　北京人复原胸像

直立人具有较宽的形态变异范围；亚洲直立人具有特化的衍生性状的观点没有获得此次对比研究的支持[8]。

还有一点十分重要，无论是非洲，欧洲，还是亚洲本地区以内所发现的直立人化石，也都存在一些不同的特征，而并非"铁板一块"。而这些"洲内"不同化石之间某些体质上的差异，其程度往往不亚于直立人化石的"洲际"差异。因此，一些人类学家倡导直立人是人属中一个多型种（polytypic species）的主张。这个观点既明确了各地直立人在体质上的共同点，又照顾到不同个体之间的变异。至于反映所谓"意识流"、智商和行为习惯等方面的文化差异，就是半个多世纪以来考古学家们关于莫维士"两种文化"（又称"莫氏线"）理论的争论，其情况与上述人类学家关于直立人体质差异的争论相似。我们将在下面结合北京人的石器来谈这个问题。

此外，还有一种新理论越来越引起人们的兴趣。一些人类学家主张干脆把直立人种并入智人种（*Homo sapiens*），使人属由原来 3 个种只剩下两个：原始的"能人"种（*Homo habilis*）和比较进步的智人种。他们的理由是：在人类进化过程中，如脑量、语言和文化等体质上、文化上的因素，处于一个发展的总的趋势之中。在这个趋势之下，各因素是互相关联的而不是互相孤立的，各因素的发展速度不是划一的而是不平衡的。因此，既不能"一刀切"，也无法"一刀两断"。虽然这种主张目前并未被普遍接受，但看来是一种比较合理的主张。例如，就文化要素来说，过去把制作手斧、用火和长途迁徙看做是直立人才具有的能力和行为。但近年的考古发现事实上已经打破了这个凭老材料所设置的界限。

就在人类学家还来不及充分展开是否应该把直立人种并入

智人种的讨论之时，来自德玛尼西（Dmanisi）的发现又向人类学传统理论提出挑战。这个遗址在格鲁吉亚首都第比利斯附近，已经离开非洲而处于欧亚大陆分界线附近的亚洲一侧，被认为是早期人类"走出非洲"之后首先涉足的地区之一。1991 年，考古学家在这里发现了一个保存完好的直立人下颌骨以及共生的动物化石和石器。他们根据含化石、石器地层所叠压的玄武岩层的年代测定——距今 185 万年，以及化石和石器层本身的古地磁测定，推断直立人下颌骨的年代与东非奥杜韦遗址（距今 175 万年）大体同时，为距今 170 万年左右。但是，这个年代被认为估计偏早而未能被人类学界所普遍接受。因为此前许多人认定，距今 140 万年的乌比迪亚（Ubeidiya，旧石器遗址，位于西亚的拉凡提走廊）被认为是早期人类"走出非洲"的第一站。

近来不但德玛尼西遗址的年代已进一步被确认为距今 175 万年，而且又发现了许多重要材料。其中，2000 年后就接连发现 3 个完整的人类头盖骨。正是这 3 个头盖骨给人类学家出了难题。它们都具有直立人最重要的特征之一，即发达的眉脊。但是，它们的脑量远远低于直立人脑量略少于 1000 毫升的平均值：第一个为 780 毫升，第二个为 650 毫升，而 2002 年 7 月才在美国《科学》杂志上公布的第三个只有 600 毫升左右。按传统观点，"小脑袋"是能人才有的。

面对德玛尼西的新发现，人类学家想到的问题是：第一，是谁最先走出非洲？第二，他们何时走出非洲？前者涉及直立人的分类位置，后者则涉及人类起源和早期人类进化的基本格局。就第一个问题来说，此前人们普遍认为只有能制作先进工具和具备较强生存能力的"大脑袋和高个子"的直立人才具备"闯关东"（向亚、欧迁徙）的能力。而"小个子"能人不可能"走出非洲"。但如今事实是"小个子"已经站在非洲门槛之外了。那么，会不会是对德玛尼西人类化石的分类不妥呢？确实有人类学家表示，如果这个遗址首先发现的人类化石是第三个而不是前两个头骨，他会毫不犹豫地把它归入能人的。但是，现在把三个头骨放到一起，即使不考虑最早发现的那件下颌骨，也只能将它们归入直立人。那么，会不会同时有两种不同的人类即能人和直立人同时生活在一起呢？当然，这也算是一种可供考虑的解释，尽管这有悖于生物学的一般规律。不过，一些人类学家认为更合理的解释方案是重新考虑能人的分类是否必要。其实，非洲已经发现了与能人同时而被认为是直立人前身或同义词的匠人（*Homo ergaster*）。那么，随着材料的增多，是否会考虑按命名规则撤销后来的"能人"的分类而只保留原先"直立人"呢？或者，正如上面所说，是否可以干脆把迄今所发现的会制作工具的化石人类统统归入一个种，即智人种呢？

第二个问题，即早期人类何时从非洲迁移到其他地方。"走出非洲"是建立在人类起源单一中心理论之上的一种假说。它自20世纪60年代以来一直在学术界占据主导地位。由于非洲（尤其是东非）不断发现新材料，而且年代越来越早，因而"走出非洲"似乎已经成了定论。但是，这种假说今天不断受到来自东亚新发现的挑战。例如，迄今已知非洲最古老的石器（发现于埃塞俄比亚戈纳地区，Gona）年代为距今230万年，但我国安徽繁昌的人工制品（包括石器和骨器）年代估计可能达到距今240万年左右。非洲最早的人类化石（不包括那些已经直立行走、但没有证据表明它们已经会制作工具

的人科化石）为距今 220 万年，而我国的巫山人（最初分类
为直立人，后来被归入匠人）的年代为距今 200 万年。总之，
就目前的材料而言，亚洲与非洲相差无几或不相上下。上述新
情况越来越显示出人类单一地区起源中心假说的局限性或脆弱
性，而促使人们重新关注另一种理论，即由魏敦瑞在 20 世纪
40 年代提出的多地区起源理论。

魏敦瑞认为，人类的进化中心一定不止一个，而是好几
个。他说如果有人问起究竟在地球上的哪一个特殊地点，人类
迈出了从猿到人的决定性的一步，我们完全无法回答，因为演
化的步骤并非只有一步。任何人类曾经居住的地方，都是演化
进行的场所。而且每一个地方都可能是一般发展与特殊人种血
统的中心。魏氏还明确指出非洲南方古猿不是人类的直接祖
先，而是一群保留了人类及其他类人猿的共同祖先所具有的原
始特征的特殊群体。相反，他却看好亚洲发现的巨猿，认为人
类演化的早先各期，是巨人的系统，然后依次到直立人等较晚
人类[9]。不过，两种假说的争论既涉及理论问题，也涉及化
石材料问题。而解决争论的条件目前还不成熟。也许，暂时搁
置争论，代之以冷静、客观的心态去对待不同的观点和各地的
新发现，调整思路以适应已经改变的实际，并集中精力去发现
新材料和做好研究工作，是目前的明智选择。

## （四）北京人石器的制作水平与技术传统

### 1. 石器的制作水平

在整个周口店研究中，对人类化石的研究最细、最深。特
别是魏敦瑞在 20 世纪 30 ~ 40 年代对历年周口店出土的全部人

类化石进行详细研究之后，学术界对于北京人的体质特征似乎难有重大补充或认识上的突破了。哺乳动物化石和地层学的工作也都有比较扎实的研究基础。然而，在周口店发现的材料中占据十分突出地位的石器工业的研究则显得单薄。北京人的石制品数量巨大，但除了早年几篇初步报告之外，直到 20 世纪 60 年代之前并未作系统研究。研究者对这个工业的性质、技术水平、分类，特别是它在旧大陆早期人类文化发展中的地位等基本问题远未达成共识。总的来说，争论的焦点主要集中于两个问题，一个是北京人石器的制作水平，是原始还是进步？另一个是北京人石器的技术传统，即它与其他旧石器文化，特别是与欧洲和非洲同期文化有无联系、能否对比？这两个问题涉及整个旧大陆早期人类进化和文化发展的基本格局，是一个全局性问题。下面，首先谈谈北京人石器制作的水平问题。

20 世纪 50 年代，长期主持周口店发掘的贾兰坡在一些文章里陆续对北京人石器性质提出看法。例如，他与王建在 1957 年第 1 期《科学通报》上发表合作文章《泥河湾期的地层才是最早人类的脚踏地》提出："中国猿人的石器，从全面来看，它是具有一定的进步性质的。我们从打击石片来看，中国猿人至少已能运用三种方法，即'摔击法'（或碰砧法）、砸击法和直接打击法。从第二步加工来看，中国猿人已能将石片修整成较精致的石器。从类型上看，中国猿人的石器已有相当的分化，即锤状器、砍伐器、盘状器、尖状器和刮削器。这种打击石片的多样性和石器用途上的较繁的分工，无疑是标志着中国猿人的石器已有一定的进步性质的。……事物是由简单到复杂、由低级到高级而发展的。同时很多事实表明，人类越在早期，他的文化进步越慢。那么，中国猿人能够制造较精细的和种类较多的石器，这是人类在同自然作斗争的漫长岁月中逐渐演变而成的。由此可见，显然与中国猿人时代相接的泥河湾期还应有人类及其文化的存在。"值得指出的是，这是我国学者第一次明确提出中国土地上可能存在早更新世人类的假说。

裴文中不赞同贾兰坡和王建的上述看法。于是，一场"中国猿人是否是最原始的人"的争论首先从古脊椎动物与古人类研究所内部开始，随后很快扩大到所外，成为20世纪60年代初中国考古学、人类学和历史学界一场重要的学术争论。

裴文中在1961年《新建设》第7期发表题为《"曙石器"问题回顾——并论中国猿人文化的一些问题》的文章，全面反驳贾、王发表在《科学通报》的那篇文章以及其他持相同观点学者的看法。他写道：

> 有人认为在旧石器时代的初期，人类制造的石器，如欧洲阿布维利的手斧和中国的中国猿人的石器，已经相当的进步了，人类从不会使用和不会制造石器到制造出这样进步的石器，一定经过了一个相当长的酝酿或过渡的时期，就是使用半天然半人工的"石器"。在这个过渡时期以前，还应当有一个人类只知使用而不能制造石器的阶段。这个说法看来似乎很合乎事物发展的规律，但实际上却不然。这是一个如何划分人和动物的界限的问题。

> 中国猿人制作的石器，可以有几种"类型"，如尖状器、刮削器、砍砸器、石锤、石砧等，实际上都是适合上述人类使用石器最基本要求（即尖、刃、重）的工具。如果不能满足这三种基本要求，就不成为"石器"，就成了所谓"曙石器"（在裴文中的文章里，"曙石器"是

"假石器"的同义词，即指那些外表像人类有意识打制、但实质上与人类无关的天然石块——本书作者注）。所以在我看来，中国猿人制作的石器的类型正是具有原始性质，而不代表进步性质。

至于说中国泥河湾（即更新世初期）有人类或有石器，我们应该直率地说，至今还没有发现。同样的问题，也就是"曙石器"问题，在西方学者中曾争论了近百年，也有许多人尽了很大的努力寻找泥河湾（欧洲的维拉方期）的人类化石和石器，但没有成功。

人们知道，裴、贾都是早年加入周口店工作的科学家。他们一位是最早确定北京人遗址存在石器和研究这些石器的人，另一位则从发现石器之初就与之打交道，亲手为遗址出土的数以万计的石制品编号登记，是周口店发掘的参与者。因此，他们两人对北京人石器最具有发言权。然而，他们的观点却反差如此之大。为了以理服人，求得共识，裴、贾商量后决定对周口店历年出土的石制品进行一次全面、系统的分层整理研究。这项工作从 1961 年开始。当时，古脊椎动物与古人类研究所刚从城里地安门二道桥旧址搬到德胜门外祁家豁子新址不久，正值国家处于三年经济困难时期，工作、生活条件都相当艰苦。但是，参加整理工作的人员（除了两位老先生，还有邱中郎、张森水、李炎贤、戴尔俭和黄慰文等）干劲十足，工作非常认真（图三九）。粗略计算，当年经过大家亲手整理、观察的标本不下三四万件。

这期间，除裴、贾之外，研究所内外一些学者如吴汝康（人类学家，本所）、吴定良（人类学家，上海复旦大学）、梁钊韬（考古与民族学家，广州中山大学）、张森水（旧石器考

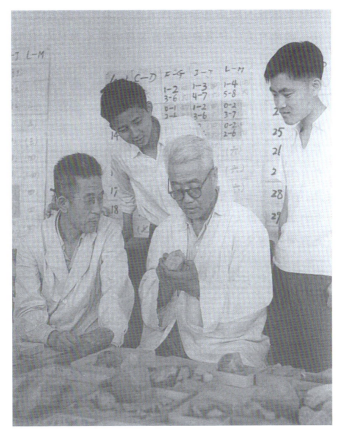

图三九 重新评价北京人石器

前排左起：贾兰坡、裴文中；后排左起：黄慰文、戴尔俭

古学家，本所）等也在报刊上发表文章。其中，张森水是拥护裴文中观点的。他在 1962 年《古脊椎动物与古人类》第 6 卷第 3 期上发表的《对中国猿人石器性质的一些认识》一文里写道：

中国猿人所制作的石器和石片都没有一定的形状。这表明中国猿人打石片和修理石器尚未形成确定的方式方法。由此可见，中国猿人制造石器的技术水平尚处于相当原始的阶段。

中国猿人石器表现出较大的波动性。在中国猿人石器中，有个别石片或石器修理得比较精致，甚至个别石片可与旧石器时代晚期的石片作比较，例如第四层有一件长薄石片即是，但是它却是上下地层均未曾见到的孤例。此外，如一些规整的石片、台面有棱角的石片，在出土层位上，均表现出忽有忽无的现象。石器的情形也是如此。由于打制石器尚未形成一定的方式方法，使得刃角和尖角缺乏相对的稳定性，以致出现好像是超时代的器形，例如"圆头刮削器"、"雕刻器"、"鸟喙形尖状器"和"镞形器"。正是这些在中国猿人石片和石器上表现出来的波动性，致使我们难以相信，它是中国猿人石器的进步事例，因为，进步事物总是继续发展的，从而使我们倾向于它们是偶然而成的或与石料有关。

从石器第二步加工技术来看，一般来说，刃口多呈曲线状，代表修理工作水平的小石片疤，凹凸非常显著。由此说明，中国猿人制作石器的技术是不熟练的，技术水平是低的，应把它视为原始性的表现。

整理工作进展还算顺利。但是，如何写结论却遇到难题，因为两位老先生观点相差实在悬殊。记得当时针对双方观点一时难以统一，裴老曾经提出解决办法：结论分两部分写，第一部分记录经过大家讨论达成的共识；第二部分则由参加整理工作的七人每人各写一段，各抒己见，充分发扬百家争鸣的精神。这个方案看起来有点像一次不那么成功的外交谈判最后勉强发表的会谈公报，既记录双方的共识，又写明双方在某些问题上的保留或分歧。可是，裴、贾对北京人石器的看法分歧从对石制品分类和描述已经开始，而它们是结论的基础。因此，裴老方案事实上行不通。

为了顾全大局，贾先生主动退让。他请裴老首先发表由他主持的报告，贾本人随后再发表自己主持的报告，这样便可以真正做到各抒己见了。不过，贾先生方案最后亦未能实现。原因是从 1966 年起全国便陷入文化大革命的十年动乱之中，一切正常研究工作陷入停顿状态。直到 1975 年末，张森水根据研究所领导指示，协助裴老重新捡起这件工作，于 1985 年发表由他俩共同署名的报告[10]。而那时，把一生献给周口店事业的裴文中已经辞世 3 年了。而同是"老周口店"的贾兰坡后来虽然在不少著作里谈及他对北京人石器的看法，然而，在他至 2001 年 7 月 8 日临终前亦始终未能实现写一部关于北京人石器专题研究报告的夙愿。

从周口店研究史看，对北京人石器评价的分歧由来已久。1931 年 10 月，法国著名史前学家步日耶应邀来华鉴定石器。他就是此后裴文中留学法国时的导师。11 月 3 日，他在中国地质学会的学术交流会上简要介绍他的初步观感。这个发言后来摘要刊登在《中国地质学会志》1932 年第 11 卷第 2 期上，题目为《周口店的用火遗迹及其石器与骨器的意义》。该文第一页附有编辑部加的脚注，指出："新生代研究室的同事们基本上同意步日耶对于北京人用火和制作石器的解释。但是，对于他关于骨角标本的定性和关于石器工业的进步水平的评价现时还多有保留。"这个脚注所说持保留意见的"新生代研究室的同事们"，实际上主要指德日进和裴文中。或者，更确切地说是指德日进。因为当时周口店刚刚发现石器，比裴文中后来赴法攻读旧石器考古还早了几年。用裴老在1960年一篇文章里的话说，那时的他还只是一个旧石器考古的初学者。

后来，步日耶在1935年6月19日法国人类学研究所的一次报告会上介绍周口店石器工业时指出：

首先，"在看到了早年发掘出来的废土中有两三件当地石灰岩（出自上角砾层）被粗略地打成手斧之后，我想根据自己的发掘来验证一下是否有相当的数量"。

其次，他指出采集品里有盘状器、三角形石片、石叶、雕刻器（笛嘴状、角状、鼻状等几个类型）、钻具、石锥、几种圆头刮削器、鸟喙状尖状器、边刮器、尖状器、小型手斧（椭圆形或心形）等具有进步性质的类型。

最后，步日耶总结说："周口店的工业就是这样，有许多特点在法国只是在旧石器时代晚期才有。虽然从地质学的观点看来，周口店的工业是比较古老的。劣质原料使得周口店石器制作者发现了两极打击法。这种方法在西方仅在很特殊的条件下和很有限的地方使用。这种特殊方法的发现可以得到通常是小的石叶和薄石片。而这种石叶工业在法国说来是旧石器晚期的东西。"[11]（图四○、四一、四二、四三）

德日进和裴文中的看法则大不一样。他俩在《中国地质学会志》第11卷第4期（1932年）上发表的《周口店中国猿人堆积之石器工业》（The lithic industry of the *Sinanthropus* deposit in Choukoutien）报告，对石器工业作了比较全面的介绍。这些意见后来在1933年由步达生、德日进、杨钟健和裴文中合作发表的周口店阶段性研究报告《中国原人史要》（*Fossil*

图四〇 北京人的钻具（左、中）和尖状器（右）

图四一 北京人的两极石片

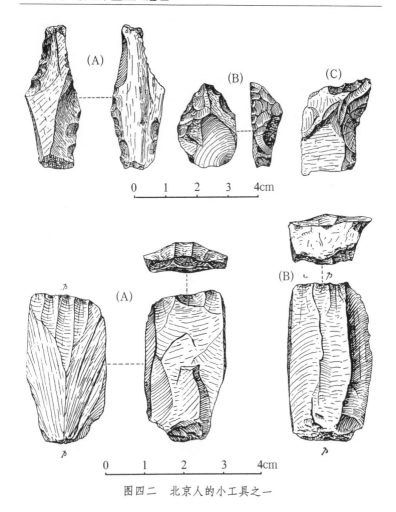

图四二　北京人的小工具之一

*Man in China*）里再次表述。下面，介绍其中关于北京人石器
工业的八点总结：

①未发现手斧；

②不加挑选地使用卵石（或石块）和石片打制工具；

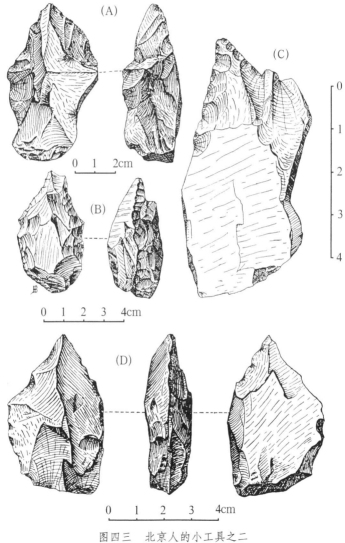

图四三 北京人的小工具之二

③用普通的锤击法或砸击法从石核上产生石片；

④总的来说缺乏或基本上没有"预制"工具，标本上的修整痕迹显然是使用的结果而非预制。然而，一些砍斫器的柄部和个别石器的两侧凹缺则是或很可能是修整出来的。大部分"尖状器"则可以用使用结果来解释；

⑤由于几乎完全缺乏火石原料，难以评估在相同原料条件下周口店文化所能达到的确切水平。法国一些莫斯特文化洞穴遗址也采集到石英制品，而且其中的主要部分似乎无法与周口店第1地点大多数石英标本区别开来。但是，值得注意的事实是，第1地点下部层位里则完全缺乏真正精致的和类型明确的石器；

⑥位于剖面最上部的文化层 Sub－zone Aa 在原料选择和制品成型上似乎都出现了显著的改进；

⑦形状不对称的工具似乎必须用右手把握才能使用；

⑧从广义的角度上说，周口店文化可以定义为一种外观上有些类似于莫斯特文化特征的旧石器初期工业。但是，迄今为止无论亚洲抑或欧洲尚无可以和它密切对比的工业。它们即便有某些相似之处，也可能是由于使用了相同的劣质原料而打制出相同的不典型工具的结果。

20 世纪 60 年代裴、贾关于北京人石器是"原始"还是"进步"的争论后来终于告一段落。因为，裴文中和张森水在1985 年出版的《中国猿人石器研究》报告中承认北京人石器确实存在许多进步性质。例如，该报告提到：锤击法石片中有些"与欧洲典型的修理台面石片相比是很相像的，因之，可以作为修理台面存在的证据"；有一些石片形态比较规整，"至少有 30 件标本类似后期的长石片，有几件可与石叶媲美"。报告认为北京人石器可以划分出刮削器、尖状器、石锥、雕刻器、砍砸器、球状器等大类，每个类型都有一定数量和层位分布，"各类型间有相当稳定的界线"。报告还批评一些外国学者片面地从欧洲旧石器的类型学的概念出发来分析北京人文化，结果"看不到其发展性，从而夸大了它的原始性"。可以说，按照裴文中、张森水上述阐述，他们原来与步日耶、贾兰坡在北京人石器工业技术、类型学方面的一些原则分歧似乎可以说已经消除了。

至于北京人是不是最原始的人的争论，随着新的考古发现自然也有了答案。还在1959年，坦桑尼亚奥杜韦峡谷距今175万年的地层里陆续出土了和确凿无疑的石器共生的"能人（*Homo habilis*）"化石（最初认为石器的制造者是一种粗壮南方古猿化石，曾被称为"东非人"）。这个划时代的发现将人类历史从过去估计的100万年左右延长到了200万年左右。在中国，从20世纪60年代初开始也陆续发现一批超过100万年的早更新世的人类化石和文化遗址，如西侯度（1960年）、蓝田公王岭（1964年）、元谋（1965年）和泥河湾小长梁（1978年）等。它们为贾兰坡和王建在1957年提出的"泥河湾期地层才是最早人类的脚踏地"的假说提供了可靠而充分的物证。

**2. 石器的技术传统**

对北京人石器技术传统的讨论，主要围绕它与周围地区特别是与西方即欧洲和非洲旧石器文化的异同和彼此是否存在联系等问题。前面引述的《中国原人史要》对北京人石器的八点总结里，将"未发现手斧"和"几乎完全缺乏火石原料"摆在非常突出的地位，而这两点也正是北京人石器明显地不同于以火石打制的手斧为特色的欧洲旧石器初期阿布维利（Ab-bevillian）文化（现已并入阿修尔文化，Acheulean）的地方。1936 年裴文中在美国费城举行的早期人类国际学术讨论会上宣读报告《中国的旧石器工业》[12]介绍中国旧石器研究状况时，明确地指出："根据地质学和古生物学方面的研究，中国猿人文化的年代同法国和英国的阿布维利文化、早期克拉克当文化（Clactonian）相当。但二者的工具，无论型式和工艺都是很不相同的"，"中国猿人的石器文化无法与欧洲阿布维利文化进行比较"，"由于制造工具所采用的原料不同，对于欧洲、亚洲的不同人类，要从工具本身来表现欧、亚之间旧石器文化的更详细的关系是不可能的。我们还需要等待更多的发现"[13]。

应该说，裴文中在这篇报告里关于北京人石器和欧洲旧石器初期文化差别的评论符合当时考古学界的主流认识。因为当时在欧洲和非洲已知的旧石器初期文化中，还没有发现像北京人石器这样以小工具为主体的工业。至于把这些差别提升为两个（或几个）互不相干的"不同人类"的文化，尽管当时欧、非尚无充足的化石证据，却也符合当时人类学界"多分"（即将不同地区直立人视为不同的种）的倾向。

1941 年，德日进发表《中国早期人类》[14]一书。书里写道："我想在这里强调一点：在整个第 1 地点 50 米的堆积层（它形成两个带）里（人类）体质类型上奇怪的稳定性。最值得注意的是，在靠近底部发现的头骨化石和那些采自堆积顶部的化石之间未能发现哪怕一点点解剖学上的差别。这种形态学上的稳定性说明两个问题：第一，中国猿人可能就是第 13 地点那件石器的制作者；第二，中国猿人体质进化缓慢。这种缓慢性表明中国猿人进化过程中无论何时都未曾发生过外来移民的闯入，从而打乱、干扰或推进其进化过程"。

德日进接着把上述现象进一步提升为理论。他指出：考虑到中更新世所代表的一个时间跨度巨大的阶段，东亚"给人的印象是：它一直（正如历史时代的中国，以及它和地中海地区的强烈反差）是一个孤立的和自给自足的地区。它拒绝了任何重大的人类迁徙波浪。此期间文化上和种族上的联系似乎一直以南方为主"。德日进上述观点和前面提到的北京人石器早期研究难以避免的缺陷，为后来美国哈佛大学考古学家莫维士（Hallam Movius）建立"两个文化圈"或"两种文化"假说（后来也被人们称为"莫氏线"理论）提供了重要的理论和材料根据。

莫维士于1937～1938年间随美国东南亚早期人类考察团到缅甸北部伊洛瓦底江河谷考察。在那里，他发现了一大批后来命名为安雅特文化（Anyathian）的旧石器。另外，荷兰人类学家孔尼华将他1935年在东爪哇巴克索卡（Baksoka）河谷发现的巴芝丹文化（Patjitanian）制品也交莫维士整理研究。1943、1944和1948年莫维士先后发表报告，根据缅甸安雅特、中国周口店、印度次大陆西北部（今巴基斯坦）的索安（Soan）和爪哇的巴芝丹等石器工业，特别是周口店的研究成果和上述德日进的观点，提出旧石器初期欧亚非大陆划分为两个文化圈（或存在两种文化）的理论。一个以地中海为中心，包括非洲全部、欧洲大部分、西亚和印度半岛的手斧文化圈（the Hand－axe culture complex）；另一个为东亚、东南亚以及印度次大陆西北部的砍斫器文化圈（the Chopper－Chopping－tool culture complex）。两个文化圈的面貌反差很大：前者朝气蓬勃，发展迅速；后者保守、落后，停滞不前，成为人类文化洪流的"回水区"或边缘地区。莫维士进一步指出：在旧石器时代的绝大部分时间里，东方几乎一直保持着这种停滞落后状态。只是到了距今 3 万年左右开始的旧石器时代晚期，随着西方先进的石叶文化（后来被称为"模式 IV"技术）传入，隔绝状态才被打破[15]。

半个多世纪以来，莫氏线理论在旧石器考古学领域一直占据主导地位，对我国旧石器考古学的影响尤甚。当然，正如人们对北京人石器的评价历来就存在分歧一样，莫维士两种文化理论自提出之日起，学术界就有不同评价。在 1991 年荷兰莱顿举行的纪念爪哇直立人化石发现一百周年学术讨论会上，关于直立人文化行为的讨论小结指出：莫氏线今天已经成了一条"漏洞百出"（porous）的线[16]。就拿技术传统而言，北京人石器工业并不"拒绝"两面打制技术，相反，周口店的两面打制技术相当成熟（图四四），和西方的手斧技术并无本质差别，以至周口店此类工具被步日耶干脆称之为手斧（见前述）。考虑到莫氏线理论的形成与周口店早期研究有密切的关系，深入、全面、客观研究和评价周口店石器工业，对中国旧石器考古学家而言既是一项义不容辞的责任，也是将国内研究推向国际学术前沿的大好机会。

与当年德日进、裴文中研究北京人石器的环境相比，今天考古材料的积累已经大不相同了。越来越多的考古发现表明，构成北京人石器主体的小工具不仅在非洲许多旧石器初期工业，如年代比北京人时代早的坦桑尼亚的奥杜韦文化（Oldowan）、相当于北京人时代早期的肯尼亚奥洛哲塞利文化（Olorgesailie）和时代与周口店第 15 地点或北京人时代后期相当的

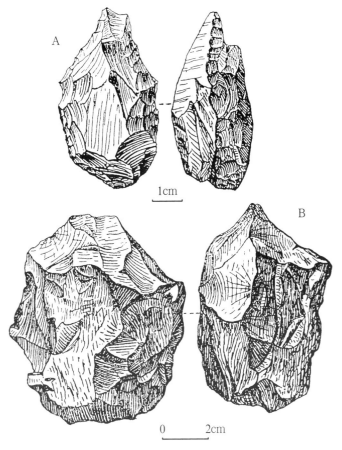

A

1cm

B

0 _____ 2cm

图四四　北京人的两面工具

坦桑尼亚的伊斯米拉（Ismila）石器工业中都占有将近一半或多半的比例；在欧洲，小工具在旧石器初期遗址里越来越常见，而且在一些工业里占据主导地位。例如，在法国西南部陶塔维尔镇（Tautavel）的阿拉哥（Arago）洞穴遗址，与直立人化石一起出土了以小工具为主的工业。这个遗址在年代上相当于北京人时代的中、晚期。令人感兴趣的是，根据黄慰文1998年8月的实地观察，阿拉哥石器工业在技术、类型上与北京人石器之间不存在重大差别。如果把它们放在一起，很难分出哪些是法国的，而哪些又是中国的。

另一方面，近一二十年来考古学界对于欧洲旧石器初期文化的总体面貌的认识已经发生了很大变化。以前不多见的由石片、石片石器和卵石工具组成的工业，无手斧或手斧稀少的工业在各地陆续发现。例如，2001年9月黄慰文访问欧洲期间，在法国西北部的布列坦尼省（Bretagne）考察一处位于大西洋海岬边上的旧石器初期洞穴遗址，看到出土的石制品为卵石工具和小工具，其技术风格与非洲和东亚同类工业十分相似。因此，欧洲考古学家已经认识到，今天已经不能仅仅用以手斧、手镐为特色的阿修尔文化来概括整个欧洲旧石器初期文化了[17]。看来，裴老当年说"我们还需要等待更多的发现"的话很有道理。今天，既然情况已经起了变化，我们的认识也必须作出相应调整。否则，一味把小工具视为"中国特色"，夸大东西方文化上的差异，或者像莫维士那样在东西方之间、甚至在更小范围内人为地设置一条文化鸿沟；或者简单化地、机械地套用英国考古学家克拉克（G. Clark）的五种技术模式来认识中国以至东亚旧石器，将难以建立符合客观实际的旧大陆早期人类与文化的发展框架。

还有一点需要说明，就是迄今为止小工具的技术学研究仍然是世界旧石器考古学的薄弱环节。在过去的一个世纪里，西方考古学家们将兴趣和精力过多地投入像手斧那样的重型工具。他们通过模拟打制等实验手段，大体上弄清了手斧等的打制程序和工艺特点。但是，与此成鲜明对照的是，考古学家们对于小工具的关注太少。时至今日，人们对其打制技术的了解还很肤浅、很有限，就连博德（Francois Bordes）这样著名的实验考古学与分类学大师对用石英打制的小工具也不熟悉[18]。因此，长期以来"言必称手斧"几乎成了人们衡量不同地区早期人类文化发展水平的唯一标准。相反，在一般的考古报告里，研究者通常只用有限的篇幅（而且常常不附插图）去处理小工具，用"即兴之作"、"不规范"等敷衍性的评语代替对打制技术的深入、具体的分析。结果在进行东西方文化比较特别是评价工业的技术水平时，实际上只根据重型工具的表现，而占很大分量的小工具被有意无意地"忽略"了。是小工具真的不值一提吗？我们在上一节已经介绍过步日耶对北京人石器所作的很有见地的评价。下面我们在介绍泥河湾石器时还要再讨论小工具的技术学问题。

1972年，贾兰坡和盖培、尤玉柱合作在《考古学报》第1期上发表《山西峙峪旧石器时代遗址发掘报告》，讨论了华北旧石器文化的技术传统。报告在总结半个世纪的中国旧石器考古工作的基础上，提出"华北旧石器时代文化的发展至少有两个系统，其中之一是'匼河—丁村系'，或称为'大石片砍砸器—三棱大尖状器传统'。……另一个系统是'周口店第1地点（北京人遗址）—峙峪系'（简称第1地点—峙峪系），或称为'船头状刮削器—雕刻器传统'"。他们解释说，匼河—丁村系的基本特征是"利用宽大石片制造各类型的大砍砸器，富有代表性的石器是三棱大尖状器，在石器的成分中有时含有小石器，但数量有限，类型也很少。属于这个文化系统的石器地点有匼河、豫西三门峡地区、大同鹅毛口"；第1地点—峙峪系的基本特征是"利用不规则小石片制造细石器，在石器成分中细石器的比例大、类型多、加工痕迹细小。第 1 地点—峙峪系包括以下一些地点：周口店第 1 地点、周口店第 15 地点、朔县后屹塔峰、萨拉乌苏河、峙峪、小南海等遗址"。该文还指出，"对于周口店第 1 地点的北京人文化，可以从不同的角度来概括它的性质。然而，与世界上其他地区的同时期的文化相比较，北京人文化的最明显的特点是石器组成成分中有大量的细小石器。过去的研究者把这种细小石器称为'几乎细石器工业'（almost microlithic industry）、细小工业（'micro–industry'），这种细石器也被认为类似'细石器的中石器'（mesolithique microlithique）。周口店第 15 地点在时代上可能与北京人遗址的上层相当。第 15 地点的细小石器，被鉴定为'细石器'（microliths）。对于更新世中期和晚期的细小石器，我们曾设想予以新的名称，可是原研究者早已使用了'细石器'一词，似乎可以不必改动。但是，为了避免混淆，本文把第 1 地点—峙峪系的细小石器称为细石器，即广义的细石器，把新石器时代的细石器称为发达的细石器，即通常所谓的细石器文化。……综观第 1 地点—峙峪系的发展，可见细石器的使用和制造、细石器的存在和发展是华北旧石器时代文化的显著特征之一，这个特征在更新世晚期变得尤为鲜明，在这个时期形成了细石器处于主导地位的石器文化（这里所说的'过去的研究者'和'原研究者'分别指德日进和步日耶——本书作者注）。"

上述贾兰坡和他的合作者提出的"两个系统"学说，第一次从技术传统角度比较全面和深入地分析了华北旧石器文化、尤其是周口店第 1 和 15 地点石器工业的特点，虽然此前裴文中和贾兰坡在 1958 年的丁村石器研究报告里已经注意到

"丁村文化是我国新发现的一个新的旧石器时代晚期的文化"。

裴文中、张森水在《中国猿人石器研究》的结论部分，也提到北京人石器"是我国旧石器时代早期以石片做的小工具为主的文化传统中华北的代表"，但不赞成"两个系统"的提法。他们认为"在华北旧石器时代早期不存在两种独立发展的文化，中国猿人石器能够反映华北和辽南同时代石器的类型和加工技术，在一定程度上反映我国华北早期旧石器文化的一般性质，因之，我们建议，用中国猿人文化代表已知的这个时代华北地区的旧石器文化"。

## （五）北京人制作骨器问题

骨器问题也是周口店研究热点之一，争论的历史和对石器工业的争论一样早。如前述，1931 年 11 月步日耶在中国地质学会学术交流会上的发言中不仅肯定北京人曾经用火和打制石器，而且还指出北京人制作和使用骨、角工具。这个发言后来在《中国地质学会志》第 11 卷第 2 期上发表时，编辑部加上一个脚注，指出新生代研究室的同行们对步日耶关于骨角标本的定性还多有保留。后来，步日耶再次来华，对周口店出土的碎骨、碎角作进一步观察，写出《周口店中国猿人化石产地的骨角器物》专报，发表在《中国古生物志》新丁种第 6 号（1937 年）上。对此持不同意见的裴文中随即发表《非人工破碎之骨化石》专报，发表在《中国古生物志》新丁种第 7 号（1938 年）上。有意思的是，当年关于骨器的争论和关于石器的争论一样，在 20 世纪 50 年代末又重新掀起。

1959 年贾兰坡在《考古学报》第 3 期上发表《关于中国

猿人的骨器问题》一文，认为裴文中在专报中所分析的碎骨和步日耶所说的北京人制作的骨角器实际上并不矛盾，差别只是分析的对象不同罢了。据贾的观察，在北京人遗址出土的碎骨里既有非人工破碎的，也有人工破碎的，而后者包括有意识打制的骨角器，它们难以用敲骨吸髓来解释。那么，哪些是骨角器呢？

贾兰坡指出：

我们发现了很多破碎的鹿角，肿骨鹿的角虽然多是脱落下来的（指秋冬时节鹿角自然脱落——本书作者注），但斑鹿的角则是由角根地方砍掉的。这两种鹿的角，多被截成残段，有的保存了角根，有的保存了角尖。肿骨鹿的角根一般只保存有 12～20 厘米长，上端多有清楚的砍砸痕迹；斑鹿的角根保存的部分较长，上下端的砍砸痕迹有时都很清楚，并且还常砍掉第一个角枝。发现的角尖以斑鹿者为多，由破裂的痕迹观察，有许多也是被砍下来的。在肿骨鹿的角根上，常见有坑疤，在斑鹿的角尖上常见的横沟，很可能是使用出来的痕迹。

有一些大动物的距骨和犀牛的肱骨，表面上显示着许多长条沟痕，由沟痕性质和分布的情形观察，是因为把它们当作骨砧使用而砸刻出来的。

破碎的鹿肢骨发现最多，特别是桡骨和蹠骨，常将一端打击成尖，也有肢骨是顺着长轴劈开，再把一头打击成尖形或刀形。此外还有许多的骨片，在边缘上并有多次打击的痕迹。

像上述那样的碎骨，我们不仅不能用被水冲磨、动物咬碎或塌落石块砸碎来说明它们，也同样不能用敲骨吸髓来解释，因为它们存在的痕迹是不允许这样来解释的。敲骨吸髓，只要砸破了骨头目的已达，用不着打击成尖状或刀状，更用不着把打碎的骨片再加以多次的打击；特别是鹿角，根本无髓可取，更不能作无目的的砍砸。

截断了的肿骨鹿的角根，既粗壮又坚硬，我同意步日耶教授的看法，可能是当作锤子来使用的。带尖的鹿角或者是打击成的带尖的肢骨，我认为是当作挖掘工具使用的。

贾兰坡结合北京人的采集经济活动解释一些骨角器的用途：

挖掘工具在采集生活中是很需要的，不管是挖掘植物根茎，还是挖掘其他可食的东西，都不能缺少它。特别是在狩猎还不占优势的时候更是如此。我可以引下面的一个例子来说明：在中国猿人化石产地里发现了许多小的鼠类化石，这种鼠类的化石以灰烬中为最多，而且还都是被烧过的，显然是当时人们的果腹物。不管当时鼠类有多少，如果单凭两只手去捕捉，则是十分困难的事；但是用带尖的器物去扒开鼠洞就可以成窠捕获它。我们所发现的角尖和带尖的骨片，有的不仅可以看出刷痕而且尖端还常有破裂痕迹，这和它用于挖掘是相符合的。

文章发表后，裴文中随即回应以《关于中国猿人骨器问题的说明和意见》一文[19]，详细说明他对北京人骨器的看法。该文第一部分讲了一段历史：

贾先生在《中国猿人》[20]这本书中，最使人不能同意的是引用了我自己画的所谓"骨器"的图。他引用的这几张图，是我在1932～1933年时，受了步日耶的影响，也误认许多碎骨是"骨器"时自己练习着绘图和试着按形态分类。这许多图和写的骨器文稿，在 1933 年编辑《中国原人史略》时，曾为编辑步达生和德日进拒编收入。我得了这样一个教训，开始更深入地研究，和对于周口店的石器我坚持了我的意见的情形相反，对于骨器的问题，我则承认了自己的错误。但贾先生却把我错误的东西拿来发表。……步日耶教授 1931 年来我国，直接影响了周口店的"骨器"的研究。当时我是初学旧石器，他是世界上的权威，他讲的话，我无条件接受了。我接受了他的意见，也间接地影响了贾兰坡先生。……经过了我对周口店碎骨几年的研究，对其它世界各地"骨器"和碎骨的观察，我才认识到从前我的错误，不应该无保留地接受步日耶的意见。

在我个人看来，贾兰坡先生最近对于中国猿人的"骨器"的看法，已经和 1950～1954 年的看法有了基本上的改变，与我个人的意见，没有什么根本不同之点，而只是在一些微细的问题上稍有分歧。而这许多微细的问题，我相信，经过讨论之后，可以得到一致的意见。

我个人想提出一个问题，同贾先生讨论一下。先从根本问题谈起。

1. 在我个人看来，骨骼和石头虽然都可以作"器具"的原料，但二者有根本不同之点。石料除作为石器之用外，当时没有其他用途。而骨骼则是猎获的动物，吃剩的残余。而且一般长骨之中的骨髓，也是可以吃的东西，敲食骨髓也是常见的情况。另外食肉类动物，特别是鬣狗，有专门咬碎骨骼的习惯。还有啮齿类动物，如箭猪，则更有啃骨骼的习性。再如骨骼容易受水和空气的侵蚀，容易在埋藏前、埋藏后和发掘时破碎。因此骨制器具的问题，实在比石器复杂得多。

2. 在一般考古常识中讲，如果谓之为"器"，则除打击痕迹之外，还要有使用的痕迹，或者第二步加工的痕迹的骨骼。

3. 在周口店中国猿人遗址中发现的"有人工打制痕迹的碎骨"，这是一般人都承认的，这也是认为中国猿人狩猎的证据。我在1938年写《非人工破碎的骨化石》时，也没有否认周口店中国猿人地点里"有人工打击的碎骨"。不过是说明周口店中国猿人地点的碎骨中，有大量的"非人工破碎的"，是为了提醒研究周口店骨器的人的注意而已，目的是希望他们不要把非人工破碎的碎骨当作"骨器"来看待。

4. 问题的焦点，是周口店这许多碎骨上，是否有人工使用的痕迹以及第二步加工的痕迹。

问题最多的是鹿角，第一件事应该肯定的是：有一件斑鹿的角，上边有烧过的痕迹，也有石器割砍的痕迹。这是一件有历史意义的标本。德日进曾于1930年带到巴黎，交给步日耶看，步日耶当时肯定了它是火烧的，上边还有石器割砍的痕迹。最保守的德日进也同意他的看法。也是因为自己不能肯定，他才把标本带到巴黎去请教步日耶。因此，问题不在于这个标本上有没有人工痕迹，而是它是不是"工具"的问题。

步日耶所说的其他鹿角，则问题很多，他在图版Ⅲ至Ⅷ上，发表了不下几十件鹿角。有鹿角尖，他认为是作尖状器用的。贾兰坡先生在《中国猿人》中写道："葛氏斑鹿的角尖是天然的尖状器，这种角尖，发现很多，由破裂痕迹观察，大部分都是人工打击下来的；有的角尖上有横的沟纹，是使用出来的痕迹。"

我个人认为，贾先生把鹿角尖上的"横的沟纹"，肯定为"使用出来的痕迹"，是有问题的。尖状器如果当作尖状的工具使用，是扎钻杂物，是与鹿角长轴平行的运动，痕迹应当与角尖的长轴平行或近于平行，不应当产生横沟。我们如果观察一下，现在动物园中活的斑鹿，或者博物馆或收藏家所有的现代的斑鹿角来看，鹿角尖都是磨光的，上边有许多细微的不同方向的沟纹。这是在生活时，在各种东西上（如树干、草丛上）摩擦的结果。

鹿角尖可以当作尖状器使用，是我们今天看到尖尖的鹿角尖，按我们自己的想法想出来的，鹿角尖的光滑和有不同方向的沟纹，是鹿生前摩擦的结果。

5. 关于兽骨作成工具的问题，可以从三方面谈起：

（1）盛水的器皿。……步日耶将鹿头骨的脑壳部分（图四五），各种动物的耻骨上接纳大腿骨头的凹槽，都认为是盛水的器皿。……步、贾二人的说法，在我看来，是一种推想。旁人还可以有另一种想法，例如：有人说中国猿人喝水，可以用一只手弯曲一下在手心里盛水或用两手捧水，比鹿头盛的水量也少不了多少，何必携带一个鹿头去喝水呢？更简便的方法，是低下头，用嘴在水面上吸，也很方便，也是我们在乡间喝河水时常用的办法。

（2）第二个问题是将动物的肢骨和骨片打击成骨器而使用的问题。……我个人还有些不同意贾先生1959年的

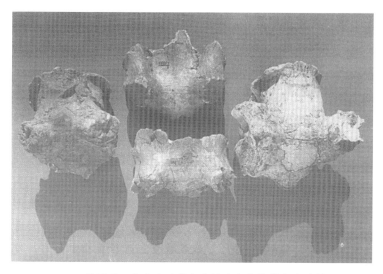

图四五　北京人遗址出土的砍去角枝的斑鹿头骨

说法。我个人认为，打碎骨头，因为骨质内部结构的关系，破碎时即自然成为尖形或者刀状。这不是中国猿人能力所能控制，不是有意识地打成的。这是可以用最简单容易的试验证明的。……至于打碎的骨片，"在边缘上并有多次打击的痕迹"。如果实际情况真的像贾先生说的那样，自然是"骨器"没有问题；但是问题不是像石器的第二步修整工作一样，它是打碎后再加多次打那样；而是在骨头未破碎之前，中国猿人连续打击才打碎了，因此，在现在我们看的骨片上，有多次打击的痕迹。

（3）用鹿角作锤子，用距骨和髋骨作骨砧的问题。……扁鹿角破碎时，将平而薄的角掌部分破掉而只保存角根部分是自然现象，我们在作发掘鹿角工作时，取得了丰富的经验。我们可以看看河套大角鹿的鹿角，请看它们都是同样保存的情况，可参看河南新蔡、东北、丁村、萨拉乌苏的标本。这些不同地点的鹿角，都是只保存了角根部分，都是人工截断的吗？

肿骨鹿的鹿角，经过了五十万年之后，成了化石，变得沉重了，拿在我们的手里，作为锤子用，看来很合适。作锤子用的证据，是看上边的敲砸的痕迹，那就大成问题了。所以说它们作为锤子用，还是我们根据今天的情况作出的想法，距离真实情况如何？则有待于研究。

作为骨砧用的距骨和髋骨，"表面上显示许多长条沟痕。由沟痕性质和分布的情形观察，是因为把它们当作骨砧使用而砸刻出来的"。我觉得贾先生应当指出是哪一件标本来。我敢说，不全是这样，如我在1938年论文中所举的许多标本，它们是食肉类的牙和爪所咬抓的。

我自己不反对：周口店一些碎骨上有人工的痕迹，就是最保守的德日进也承认鹿角上有烧的痕迹，也有人工砍砸的痕迹。但是他认为是为了鹿头在洞内食用时，携入有庞大的鹿角不便，而将鹿角砍砸下来。他的意见，因为烧了以后，容易砸落，烧的痕迹正可以证明是为了砍掉鹿角而遗弃不食。没有人说鹿角里有骨髓，敲打鹿角也是为了吃其中之骨髓。

我们在此之所以详细介绍双方关于北京人骨器争论的观点，尤其是裴文中对步日耶、贾兰坡骨器所作的分析的评论，是因为"骨制器具的问题，实在比石器复杂得多"。考古发掘中常常会遇到大量动物碎骨，发掘者很容易从中认出这个"器"，那个"器"来，而且越看越像，爱不释手，就如俗话所说的"情人眼里出西施"那样。因此，我们应该重视裴老的提醒。然而，经验也一再告诉我们：越是在这种时候，冷静、客观和科学思维对于每一位研究者来说是最需要的。

研究问题必须注意从实际出发，切忌以已有的知识或前人的结论作为判断事物的唯一标准，努力做到既"不唯上"，亦"不唯书"，切记实践才是检验真理的唯一标准。面对新的发现，既不一概肯定，亦不一概否定。例如，步日耶、贾兰坡对角根被砍砸、烧过的鹿角和被修整过的鹿头盖骨等作为工具或器皿的解释，在我看来要比德日进、裴文中的解释更加切合北京人遗址的实际，因而显得更加合理。至于新鲜鹿角的重量能否足以充当锤子的疑问，只需看看今天实验考古学家模拟软锤技术打制石器自然就有答案，因为他们所用的角锤就是新鲜的鹿角，不存在重量不足的问题。本书作者自己也有这种经验。

## （六）北京人用火问题

20世纪60年代美国考古学界掀起一场关于考古学理论和方法的热烈讨论。当时，一批年轻考古学家力图摆脱过去史前考古研究以器物技术类型学为主要内容和复原历史为目标的传统，提倡考古学应该追求的目标是发现和解释所有的发展序列的共同特征，他们因此把研究人的行为置于整个研究工作的中心。他们就是人们所说的新考古学派。这个学派的一个得意之作，就是运用埋藏学方法推翻南方古猿"打猎"的传统结论。按他们研究的结果，南方古猿不是"猎人"而是某些食肉动物（如豹）的"猎物"；南方古猿化石出土的洞穴不是它们的"家"而是它们被食肉动物捕猎饱餐后的"葬身之地"。至于南方古猿的用火能力自然也无从谈起。此后，新考古学派把目光转向跟随南方古猿之后的直立人。而以材料丰富和全面著称于世的周口店北京人遗址自然首当其冲。从20世纪80年代中期起，周口店过去的一系列研究成果陆续受到新考古学派的质疑和冲击。

1985年，美国新墨西哥大学考古学家宾福（L. R. Binford）和他的助手、华人人类学家何传坤在美国《当代人类学》杂志（*Current Anthropology*）第26卷第4期上发表《远程埋藏学——周口店是'北京人的洞穴之家'吗？》（Taphonomy at a Distance：Zhoukoudian，"The Cave Home of Beijing Man"?）一文，对过去周口店的研究成果提出一系列质疑，内容包括：北京人是否有同类相食之风？北京人是不是以山洞为"家"？洞内所谓的"灰烬层"是不是北京人用火所为？这一年夏天，应贾兰坡邀请，宾福、何传坤和斯通（Nancy M. Stone）来华访问。在北京期间，他们在中国科学院古脊椎动物与古人类研究所观察周口店的动物化石标本，考察周口店遗址，与研究所的同行交流，还访问了黑龙江等地的旧石器遗址。返美后，宾福于次年和斯通在《当代人类学》发表考察报告《近看周口店》（Zhoukoudian：A Closer Look），主要介绍他们观察遗址和动物化石的结果，否定北京人的打猎行为，重申了前一篇文章的其他质疑。宾福是新考古学派的领袖，在国际上有广泛的影响，他们的质疑文章立即在学术界引起了巨大反应，而且这场争论一直延续至今。下面，我们将介绍部分问题的争论。首先是用火问题。

用火问题是宾福等质疑北京人生存能力的一个重要方面。从世界考古学来看，在发现周口店北京人用火证据之前，人们公认的最早用火者是大约 10 万年前的尼安德特人（19 世纪中叶在德国莱茵河流域一处洞穴中发现这种早期智人的第一例化石，以后同类化石在欧洲其他地方又陆续出土，生存年代可延续至大约 3.5 万年前）。而今，人类用火历史由于周口店的发现而提前了几十万年。宾福等在报告里完全抛开周口店早期研究者所作的化验结果和大面积发掘所揭露的大量肉眼可辨的证据，"大胆假设"遗址的灰烬层是猫头鹰等猛禽的粪便堆积。这是新考古学派思维方式的一个典型案例。难怪后来贾兰坡在评论文章里提醒宾福：遗址里出土的猫头鹰碎骨一共只有 7 件！其实退一万步说，即使有上千只猫头鹰在洞内生活，也难以"造就"像第 4 层这样巨厚的灰烬层！

　　1998 年 7 月美国《科学》杂志第 281 卷发表了由以色列魏纳（Steve Weiner）、美国哥德伯格（Paul Goldberg）和巴约瑟夫（Ofer Bar - Yosef）等外国学者以及中国科学家徐钦琦、刘金毅的合作文章《中国周口店的用火证据》（Evidence for the use of fire at Zhoukoudian，China），报道他们 1996 和 1997 年在北京人遗址采集土样分析的结果。当时，他们首先在遗址西壁剖面搭起脚手架，然后分层采样。他们通过对早期研究者所确定的两个灰烬层，即第 4 层和第 10 层的样品作红外光谱和微形态等方面的分析，得出结论说：尽管遗址存在一些烧骨，但未发现灰烬；未发现原生的灰烬和火塘残迹；遗址里的大多数细颗粒物质根本不是灰烬，而是有机物的沉积，并且大多是在水下成层的。报告强调指出，即使能够识别出灰烬，亦难以确定其来自何处。"像大多数发掘过的遗址那样，现在在周口店第 1 地点无法确定任何篝火位置。"

　　《科学》杂志同时刊登了尤斯里奇（Bernice Wuethrich）

的评论。该文用了一个醒目的和耐人寻味的标题:《地质学分析浇灭了远古中华之火》(Geological Analysis Damps Ancient Chinese Fires),副题是《长期被认为是最早的用火遗址——中国周口店遗址的沉积物研究表明,那里的任何焰火都并非出自人类之手》。上述文章和评论立即在国际上引起强烈反响。一时间,在世人心目中具有特殊地位的周口店"圣火"似乎真的被新的"科学分析"所扑灭了。

魏纳等人对北京人用火的挑战,是新考古学派演绎法挑战传统研究成果的又一典型案例。回顾历史,周口店早期研究者是通过对遗址多年的大面积揭露所获的充足事实,又经过认真的实验室分析之后才得出北京人用火结论的。这个过程既有归纳也有演绎,而并非新考古学派强加给早期研究者的"单纯归纳"。相比之下,魏纳等人借以"演绎"的物质基础极其单薄。人们知道,北京人遗址是一个东西长约140米、最宽处约40米的狭长山洞。东部(推测的洞口所在部位)和中部是当年北京人在洞内的主要活动区,也是过去的发掘区。西部位于洞穴深处,魏纳等采样的脚手架正好搭在那里。同时,从脚手架上只能采集每层有限空间里的有限样品,与考古发掘的大面积揭露不可同日而语。因此,用这种分层采集的样品作出的分析结果,从一开始就注定带有无法克服的局限性。它们难以真实反映北京人在洞内的生活情况。

其实,早年研究者并不仅仅满足于从大面积揭露所得到的大量宏观证据(如灰堆、烧骨、烧石、烧焦的野果内核和核膜以及木炭块等),对上述发现的定性分析即微观研究亦采取十分积极而谨慎的态度。他们首先把样品送往法国巴黎自然博物馆矿物研究室分析,随后又请北京协和医学院药学科进行同样的分析。上述两个独立进行的化验获得相同的结论，证明遗址出土的灰烬、木炭、烧骨、烧石和烧过的土块等物质确实是火燃烧的结果，排除了矿物沉淀或污染的可能。主持早年发掘的裴文中强调指出："这许多烧过的东西，并不是普遍地分散在地层里，而是堆积在一起，或布满在一处[21]，特别是烧骨均为烧前被砸碎，这个事实也排除了野火自燃的可能。贾兰坡主持1958年发掘时，也在第3层的一块大石灰岩石块之上发现了灰堆。他因而推测北京人已具有控制火的能力（该报告见前章注释［7］——本书作者注）。

《科学》杂志上述报告和评论发表后，在中国国内自然也引起强烈反应。当年11月，《人类学学报》第17卷第4期组织了6位了解周口店情况或直接参加过北京人遗址研究的学者对魏纳等人的报告发 表评论，同时也刊登魏纳等报告的两位中国作者徐钦琦和刘金毅的说明。地质学家刘东生在评论中肯定了魏纳等对第1地点第4层和第10层的红外光谱和微形态等方面的研究是"对周口店北京猿人及其遗址研究工作的新进展"，同时也指出报告作者在研究方法上存在的欠缺。例如，在提倡微观地质学方法的同时，不能放弃实践已证明行之有效的宏观地质学方法，而是应该将两者结合起来。刘在评论中特别强调，"在周口店仍有许多宏观地质学的工作可做"。"关于用火'灰烬层'是重要依据，但是不是唯一的依据，还可以从周口店整个沉积的环境中寻找"。针对魏纳等所作的微观分析内容，刘在评论中指出对于周口店北京人用火遗迹的研究，有许多地球化学的分析手段可以使用。例如，元素碳（element carbon）研究可能是一种最为有效的方法。过去，中国学者已成功地将这种方法用于我国黄土沉积中是否存在发生自然火的遗迹的研究。如果将它用于分析周口店巨厚的灰烬层，将可能对其组成物质的性质（是否是灰烬）作出回答。

后来，根据刘先生的建议，由中国科学院广州地球化学研究所沈承德主持的对北京人遗址的元素碳分析，获得了喜人的初步结果，为北京人用火新证据带来希望（见沈承德等《周口店猿人遗址样品"元素碳"浓度及其应用于人类用火证据探究的可能性》，《科学通报》第49卷第3期，2004年）。

除刘东生外，考古学家张森水、人类学家吴新智在他们的评论里依据过去发掘中获得的种种证据回答了魏纳等人的质疑（吴的评论还以英文刊登在1999年1月第283卷的《科学》杂志上）。吴新智的评论使用了《应严肃对待前人和自己的科研成果》的标题，对魏纳等在工作中采用"以偏概全，以局部代替全部的思维逻辑"予以批评。核物理学家郭士伦以他当年主持北京人遗址的裂变径迹法年代测定的实践，质疑魏纳等所作出的在遗址未发现灰烬、未发现用火的直接证据的结论。他指出，用作裂变径迹法测定样品的榍石，必须是被火烧过而退火的。如果榍石颗粒未曾受热并充分退火，这种测定无法进行。1978年在第10层和第4层采集的样品，后来都顺利地进行测定并获得满意的结果。此外，当年参加北京人遗址综合研究的地貌学家刘泽纯和他的两位同事，根据洞穴地貌与沉积过程指出北京人遗址是洞穴而不是陷阱，遗址里的灰烬层在漫长的地质过程中尽管受到严重改造，但未失去其灰烬的性质。

《人类学学报》也刊登了黄慰文的评论。现摘录如下：

从20至40年代长期参加周口店研究并作出重大贡献的法国著名学者德日进（Teilhard de Chardin）说过："世

界上没有绝对真理，智者苦苦探索而得到的看似真理的东西，其实都不可避免地带有某些假设的成分。"[22] 用这句话来看待像周口店这样蕴藏丰富而又情况复杂的早期人类遗址的研究工作是再恰当不过的了。从 1921 年对这个遗址首次试掘算起，中外科学家们在这里苦苦探索了半个多世纪。他们拨开蒙在这个沉睡了数十万年之久的遗址上的厚厚尘土，获得大量有关北京人生活的信息，为世界科学界复原直立人阶段的人类历史提供重要依据。然而，已经取得的成绩还不能和周口店遗址所具有的巨大潜力相比，而这些研究结论还必须进一步完善和接受后来研究的检验。从这个意义上说，1985 年 L. R. Binford 等人对北京人是否具有打猎能力的质疑也好，这次 Weiner 等人对北京人用火表示怀疑也好，都是天经地义的，对推动周口店研究总是好的。

当然，我们对目前围绕周口店研究所存在的一些倾向也不无忧虑。例如，在对前人工作并未作认真、详细和客观了解的情况下，就匆匆作出全盘否定的结论，似乎不这样做就不足以显示自己的研究是新进展。又例如，不恰当地夸大自己所采用的分析手段的作用。随着科学技术的进步，一些新的手段陆续被引入考古学研究中来，使这门学科的发展增添了新的动力。我们无疑应衷心欢迎这个趋势，赞赏和理解每一位研究者对自己专业的热爱和信心。然而，我们同时也必须清醒地认识：任何一种手段都无法避免自身的局限性和片面性，都不可能独立去解决一个复杂的研究课题，所以，在作出结论时"留有余地"是真正可取的。

这里附带说明一下。尤斯里奇事前也邀请黄慰文参加《科学》杂志的评论，黄当即用电子邮件发去他不赞同魏纳等人做法和结论的几点意见，明确指出他们的有限工作不足以回答所讨论的全部问题；采样地点的选择不当（远离洞穴堆积的中心），而且样品数量极其有限，因而难以发现人类控制用火的证据。针对此前新考古学派低估直立人生存能力的种种质疑，黄在评论里强调指出："现在，我们必须重新考虑直立人的迁徙和能力"。遗憾的是，尤氏在评论里将黄的意见拆散重组，结果让个别未认真看文章的读者把黄也划到了怀疑派一边。

## （七）北京人以洞为"家"问题

周口店第 1 地点以"北京人洞穴之家"而闻名于世。然而，这个经过中外科学家几十年研究得出的结论，现在也受到新考古学派的挑战。宾福于 1985 年发表的文章就用《远程埋藏学——周口店是"北京人的洞穴之家"吗？》作标题。前面提到的尤斯里奇的评论引用了乔治华盛顿大学人类学家布鲁克斯（Alison Brooks）的话："它（指遗址——本书作者注）本来就不是一个挡风遮雨之所，而是一个陷阱"！

确实，在经历几十万年风雨侵蚀、地壳运动等自然力作用之后，北京人遗址昔日的洞穴原貌已不复存在。难怪一些到这里参观的人常常发问："猿人洞在哪儿？这里分明只有'怨人坑'！"他们所说的"坑"，是指洞穴中部发掘区经几十年发掘形成的一个几十米深的大坑；而"怨人"则表达他们对于"上当受骗"的不满。不具备专业知识的普通观众提出这样的疑问并不奇怪。然而，在考古学界却存在周口店第 1 地点是"猿人洞"还是"鬣狗窝"的两种假说之争。那么，早年的研究者又是凭什么说北京人原先住在洞内呢？

确定第 1 地点是"北京人洞穴之家"的主要根据来自两个方面的研究。第一，洞内堆积层的物质成分和结构等性质和特征；第二，洞穴的演化过程。首先谈第一个问题。第 1 地点洞内堆积从成因上说明显地分为两部分。下部，从第 14 层以下（含第 14 层），主要是河流带进来的砾石和砂子。这时，洞室与外面的河流相通，是一个"水洞"，人类或一些穴居动物（如鬣狗、洞熊等）尚无法入内活动。上部，从第 13 层以上，洞穴已基本上脱离或完全脱离河流的影响，成了"旱洞"，可以接纳人类和穴居动物入内了。这部分堆积由角砾岩、钟乳石、黏土、砂和灰烬、动植物化石、人类化石、石制品等组成。这些物质又有两个来源，即洞内和洞外。来自洞穴本身的物质主要是洞穴演化过程中从洞顶与洞壁不时坍塌下来的大小石灰岩角砾（一般发生在气候干冷、物理风化剧烈时期，是组成洞内堆积层的主要物质），以及在温暖、湿润气候条件下形成的化学沉积，如钟乳石（包括石钟乳、石笋、钙板等）以及石灰岩的化学风化残积，如红色黏土等。来自洞外的物质主要有山坡流水通过岩层里的大小裂缝（如北京人遗址的南裂隙和北裂隙）、喀斯特作用（又叫岩溶作用）形成的漏斗带进来的黏土、砂和石块以及主要与人类和穴居动物有关的动植物化石、人类化石及文化遗物（石制品、灰烬层和其他用火遗迹）。

这里需要说明两点。第一，山坡上的石灰岩碎块也可以被地表流水通过山体的裂隙冲入洞内。不过，只要稍加注意，就能将它们与洞内坍塌产生的角砾区别开来。因为它们进入洞内时一般已经在洞外受到一定程度的风化，不像洞内产生的角砾那样新鲜和棱角分明。第二，钟乳石是石灰岩在封闭或半封闭条件下的产物，是存在洞穴的重要标志。尽管第1地点因地处温带而钟乳石不如南方山洞那样发育，但是，像第5层那样几十厘米厚的钙板以及第1~2层内的多层钙板只能在洞内形成。

出现在洞内的动植物化石、人类化石和文化遗物，是北京人在洞内生活的最重要的证据。当然，我们必须从埋藏学角度来分析和利用这类证据。由于在以上各章谈及这些发现时，已附带讨论到它们与北京人的关系。为了避免重复，这里只提一下石制品。从遗址出土的石制品数量在10万件以上。它们由石核、石片、工具、碎屑和备料等几大部分组成，代表了北京人打制石器的全部过程。这些石制品的原料有脉石英、砂岩、火成岩、变质岩、水晶、燧石、石英岩等几十种，岩性的复杂程度远远超过今日遗址近旁的河流砾石层。除了燧石产于石灰岩层之外，其他均与石灰岩无关，是遗址的"外来之物"。石制品上述复杂多样的岩性结构和它的巨大数量，有力地证明石器原料绝大部分被北京人从洞外带入，而打制石器的过程主要是在洞内完成的。如果再注意到绝大多数石制品表面不存在流水搬运和碰撞的痕迹、它们的埋藏状况所显示的特征以及地层性质（非河流沉积），我们可以明确地排除"陷阱说"的猜测。

曾经参加周口店多学科综合研究的地理学家刘泽纯，在1998年《人类学学报》组织的评论中分析了第1地点的地质构造和洞内堆积层的结构特征。他写道：

第1地点洞穴发育在奥陶纪灰岩中，位于龙骨山—太

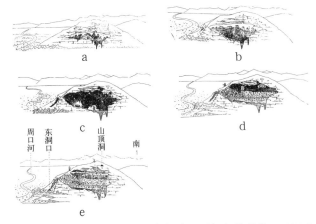

图四六 "北京人洞穴之家"发育过程（据任美锷等，1985 年）

a. 洞穴深埋阶段：随着古地面抬升，水循灰岩的陡倾层面和裂隙下渗，逐渐向岩体内部的深处发展，形成垂直型溶洞。这是北京人遗址所在洞穴的雏形。当时它深埋于山体北坡的山体之内，与洞外并未联通。

b. 向东开口阶段：周口河下切，洞穴进一步溶蚀扩大。由于周口河不断侧蚀，破坏了洞的东壁，而形成一个小洞口，其位置可能在目前东洞口附近。这个洞是一个垂直型的深洞，当时古周口河高出洞底，河水经东坡洞口流入，在洞底形成了第 15～17 层的沉积物，洞穴开始由溶蚀逐渐转变为填充。由于洞口小且高悬洞壁，洞底起伏不平，北京人仍无法入内居住。

c. 北京人入内居住阶段：塌下来的灰岩岩块和角砾将洞底逐步填高、填平，洞内形成一块平坦地面，东洞口也逐渐扩大，北京人开始入洞居住。起初集中住在东段，今"鸽子堂"处含丰富石器、灰烬等文化遗物的"石英层"即形成于此时。

d. 北京人住地西移阶段："鸽子堂"顶部崩塌，东洞口相继被堵。北京人住地逐步向西段迁移，入口改为东坡。西部巨厚的第 4 灰烬层形成于此时。

e. 洞穴被填埋，北京人弃"家"他迁阶段：到了第 1～3 层堆积时，整个洞顶已崩塌殆尽，洞穴亦被填满，北京人无"家"可归，只好弃此而去，远走他乡。这时大约为距今 30 万年左右。

平山次级倾伏背斜的西北翼上，地层走向 NNW，倾向 NNE，倾角 60°~70°，不存在明显的断裂构造。但有两组节理特别发育：以 NE10°~20°一组剪切节理最密集，溶蚀成南北裂隙；其次是 NW20°节理，它与地层产状一致，共同控制洞穴发育，因而溶蚀扩大成一个垂直型溶洞，但有比较完整的洞顶，局部受 NE 向裂隙影响，存在天窗，可射入光线。然而该洞穴的洞口非通常所见，十分特殊。它是大约百万年前，由古周口河侧蚀龙骨山东坡而成，使原封闭的洞穴打开一个与洞穴高度相近的、上宽下窄的洞口。……第 1 地点洞穴堆积重要特点是厚度大，成层性特别明显。成层性不仅表现在角砾层与非角砾层相间堆积，而且角砾层与非角砾层内又可细分许多亚层。它们的形成受古气候变化影响，符合米兰柯维奇轨道地层旋回，并反映了千年尺度的古气候波动。……洞穴在填满之前，在雨季不仅古周口河洪水溢入过，经常性的坡面流水沿裂隙汇入洞内，聚水成塘，将细粒物质（包括灰烬、烧土等）冲刷和再沉积，如第 4 层下部（4 之 3 小层）可见到粉细砂透镜体内夹斑点状烧土，因而使火塘遗迹难以保存。

为了让读者对北京人居住过的洞穴在漫长的地质时期里的演变过程有一个直观印象，我们把当年考察组所作的示意图介绍于后[23]（图四六）。

# （八）北京人打猎问题

我们在前面介绍遗址出土的鸟类化石和植物化石时，已经提出北京人捕捉鸟类、鼠类等小动物和采集野果为食的行为。

由于相关的化石材料十分丰富，又有埋藏学、生态学和民族学等方面的分析佐证，因此结论是很有说服力的。至于北京人是否同时也实行猎取大兽的活动呢？学术界对此则存在争论。周口店早期研究者的回答是肯定的。林圣龙在《周口店第一地点的大型哺乳动物化石和北京猿人的狩猎行为》一文里[24]对此有比较详细的介绍和分析。我们在下面讨论时，许多材料就来自这篇文章。

新考古学派和持类似观点的研究者质疑北京人的打猎能力。他们认为直立人智力水平和组织能力低下，工具简陋，显然不可能对奔跑迅速的马、鹿、羚羊等食草兽群实行捕猎。那么，如何解释遗址出土的大量被人工砸碎的兽骨呢？新考古学派"推荐"鬣狗。这种食肉动物有非洲大草原"清道夫"之称。新考古学派说北京人实行的是鬣狗那样的"捡剩落儿"（又称尸食）行为。总之，北京人够不上"大兽猎人"的称号，而不过是专门捡猛兽"残羹剩饭"的"捡剩落儿者"而已。

我们认为，对北京人是否实行打猎活动的分析可以从两个层面进行。第一，弄清楚遗址出土的数量巨大的动物化石与北京人的关系。也就是说，它们是北京人食物的组成部分呢？还是仅仅由于自然力作用，如流水搬运或一些穴居食肉动物携带才令它们出现在洞里的呢？第二，如果洞内部分或大部分碎骨的存在能够排除自然力或动物因素的话，我们还需要进一步判定它们是北京人的猎物呢？还是他们捡来的猛兽的"残羹剩饭"呢？只有弄清后面的问题，我们才可以确定北京人是不是实行打猎。

在前一章里，我们通过第 1 地点洞内堆积层的岩性分析，说明从第13层以上（含第13层）该洞穴已基本上脱离洞外河流的影响，可以接纳人类或动物入内活动。而洞内存在大量与北京人洞内活动有关的石制品、灰烬层等文化遗物，又表明那里曾经是北京人的"家"。再者，大量有人工打击痕迹的破碎兽骨、甚至被加工成工具的骨角器，基本上可以肯定北京人有肉食行为。当然，我们也不能忽视食肉类动物"制造"碎骨的可能性。

在北京人遗址出土的食肉类动物有30种。其中的变种狼、狼、豺狼、剑齿虎、杨氏虎、猎豹和一种猫属动物，生性凶狠，善于捕食食草动物，是攻击型食肉动物。应该说它们是"制造"遗址碎骨的"重大嫌疑人"。不过，它们不是穴居动物，不能对洞内碎骨"承担"太多（如搬运）责任。那么，是哪种食肉类可能把许多兽骨带入洞里来呢？答案是：个体很大而又具有尸食和咬啃骨头习惯、喜欢以山洞为"家"的鬣狗最值得注意。在北京人遗址出土的食肉类动物化石中，中国鬣狗数量最多。若按保存的距骨数目统计，至少代表2000个不同年龄的个体。完整或比较完整的鬣狗骨架和粪化石在遗址下部的第13、11、10、8～9和6层里形成几处相对集中的分布地。但是，这种情况很少出现在上部地层。对于此种现象，裴文中作过如下分析："在下洞和下裂隙的一部分（食肉类层）中，属于幼年和老年个体的食肉类化石及粪化石都极为丰富，暗示这两个地方已经长期为食肉类动物所占有，而在文化层C（石英Ⅱ层或中国猿人地点G）中，食肉类动物遗骸的稀少恰好与原始人的居住层吻合"[25]。总之，对具体情况需要作具体分析，不可一概而论。既不能凡是遗址里出土的兽骨都和北京人挂钩，也不能因鬣狗的"参与"而否定人为因素。

　　那么，大量被人工打碎的兽骨，能否成为北京人打猎行为的证据呢？在遗址出土的与本议题有关的 54 种大型哺乳动物中，食草动物有 23 种。它们包括长鼻目 1 种（纳玛古棱齿象）、奇蹄目 3 种（双角犀、披毛犀和三门马）和 20 种偶蹄目。后者以肿骨大角鹿和葛氏斑鹿数量最多。若按保存的下颌骨数目统计，肿骨大角鹿至少有 2000 个个体，葛氏斑鹿至少有 1000 个以上个体。如果将数量巨大的肢骨和单个牙齿考虑在内，则统计数目还要大得多。其次，李氏野猪、德氏水牛和北京麝也很常见。余下的如巨驼、骆驼等则数量很少。如上述，在出土的食草动物化石中，两种鹿类的数量特别多，而且多有人工打击痕迹。这个事实表明北京人对某几种动物"情有独钟"。而这种对猎物有选择性的"专业化"倾向常常被考古学家作为早期人类实行打猎活动的指示性标志。

　　更有意思的是，步日耶在整理标本时发现两种鹿死亡季节差异的现象。他在一本关于周口店骨角器专著的附录《关于肿骨鹿死亡和斑鹿死亡之间的季节性差异的观察》里写道，"除了两件自然脱落的鹿角标本以外，所有迄今发现的总共 176 件斑鹿的角仍然附着于头骨，所以在中国猿人杀死它们时，几乎所有这种鹿的头骨都带着它们的角"。相反，"如果我们考察一系列肿骨大角鹿的角的基部，比例完全相反。绝大部分肿骨鹿的角都是自然脱落的，或者在它们正要脱落的时候，被从头骨上打下来的。这种差别需要解释"。步日耶参照欧洲赤鹿的生长情况，得知它们的发情期是在 9 月底，发情期过后，成年赤鹿的角在初冬脱落，到第二年春天鹿角重新萌发生长。因此，他推论：北京人"在夏末和初秋更多地狩猎斑鹿，而到冬初则猎取肿骨大角鹿"[26]。根据上述事实，我们还可以推测，北京人可能已经掌握两种鹿在不同季节迁徙到周口店一带的规律，然后对它们实行有效的狩猎。因此，说北京人是不具备打猎能力的"捡剩落者"不符合遗址所提供的考古材料；将北京人视为"大兽猎人"的解释则比较合理（图四七）。

至于早期人类包括直立人和智人的打猎装备和方法，由于

图四七　北京人打猎归来

已知的考古遗址往往不能提供足够的具有说服力的材料，一向是考古学上一个尚未弄得很清楚的问题（某些地区，如北美和欧洲一些年代比较晚的遗址除外）。但是，我们不能因此而笼统地以"智力水平和组织能力低下"或"工具简陋"等为由来否定直立人的打猎行为。例如，时代比北京人晚得多的萨拉乌苏遗址（距今约 7 万年或更早）和峙峪遗址（距今约 3 万年），一向被学术界当作中国已知旧石器遗址中两个存在打猎活动的范例。而时代与北京人遗址中段地层（距今 50 万年上下）相当的许家窑遗址也有大量而明确的"专业化"狩猎证据。然而，所根据的事实并非它们有什么先进武器和装备，而是遗址的埋藏环境和遗址里数量巨大和显示出"专业化"打猎特点的人工破碎兽骨——萨拉乌苏和许家窑以羚羊、野马和野驴为主，而峙峪的碎骨中野马和野驴最多。

**注　释**

[1] 黄慰文《中国旧石器文化序列的地层学基础》，《人类学学报》2000 年第 19 卷第 4 期。

[2] 贾兰坡《北京人时代周口店附近一带的气候》，《地层学杂志》1978 年第 2 卷第 1 期。

[3] 胡长康《周口店第一地点哺乳动物化石研究的历史及进展》，载吴汝康等《北京猿人遗址综合研究》，科学出版社 1985 年版。

[4] 孔昭宸等《依据孢粉资料讨论周口店地区北京猿人生活时期及其前后自然环境的演变》，载吴汝康等《北京猿人遗址综合研究》，科学出版社 1985 年版。

[5] 谢又予等《周口店北京猿人生活时期的环境》，载吴汝康等《北京猿人遗址综合研究》，科学出版社 1985 年版。

[6] 步达生等《中国原人史要》，《地质专报》1933 年甲种第 11 号（英文）。

[7] 中国科学院西北水土保持生物土壤研究所周口店工作组《周口店地区古土

壤和堆积物的特性及其形成环境的研究》，载吴汝康等《北京猿人遗址综合研究》，科学出版社 1985 版。

［8］ 刘武、E. Mbua、吴秀杰《非洲和中国直立人某些颅骨特征的比较》，《人类学学报》2002 年第 21 卷第 4 期。

［9］ 吴汝康《魏敦瑞对北京猿人化石的研究及其演化理论》，《人类学学报》1999 年第 18 卷第 3 期。

［10］ 裴文中、张森水《中国猿人石器研究》，《中国古生物志》新丁种第 12 号，科学出版社 1985 年版。

［11］ Breuil, H. 1935. l'etat actuel de nos connaissances sur les industries paleolithiques de Choukoutien. In: L'Anthropologie, 45: 735 ~ 746.

［12］ Pei, W. C. 1937. Palaeolithic industries in China. Early Man, 221 ~ 232.

［13］ 以上引文根据安志敏译文，见《裴文中史前考古学论文集》第 154 ~ 155 页，文物出版社 1987 年版。

［14］ Teilhard de Chardin, P. 1941. Early man in China. Inst. de Geo – Biologie, Pekin. , 7.

［15］ Movius, H. 1948. The Lower Palaeolithic cultures of southern and eastern Asia. Transactions of the American Philosophical Society, n. s. , 38 (4): 329 ~ 420.

［16］ Tobias, P. V. 1993. One hundred years after Eugene Dubois: the Pithecanthropus Centennial at Leiden. Journal of Human Evolution, 25: 523 ~ 526.

［17］ Bosinski, G. 1995. Stone artifacts of the European Lower Palaeolithic: a short note. In: The Earliest Occupation of Europe, edited by Wil Roebroeks and Thijs van Kolfschoten.

［18］ Clark Howell, Foreword. 1994. In : Handbook of Paleolithic Typology, Vol. 1: Lower and Middle Paleolithic of Europe. Edited by Andre Debenath & Harold L. Dibble, University Museum.

［19］ 裴文中《关于中国猿人骨器问题的说明和意见》，《考古学报》1960 年第 2 期。

［20］ 贾兰坡《中国猿人》，龙门联合书局 1950 年版。

［21］ 裴文中《中国石器时代》，中国青年出版社 1963 年版。

［22］ 德日进《人类的出现》序言，1947 年，转引自《第四纪环境》中文版，科学出版社 1997 年版。

［23］ 任美锷、刘泽纯、金瑾乐等《周口店洞穴发育及其与古人类生活的关系》，载吴汝康等《北京猿人遗址综合研究》，科学出版社 1985 年版。

［24］林圣龙《周口店第一地点的大型哺乳动物化石和北京猿人的狩猎行为》，载吴汝康等《北京猿人遗址综合研究》，科学出版社 1985 年版。

［25］Pei, W. C. 1934. On the Carnivora from Locality 1 of Choukoutien. *Pal. Sin.*, S. C, 8（1）.

［26］Breuil, H.. 1939. Bone and anter industry of the Choukoutien *Sinanthropus* Site. *Pal. Sin.*, N. S. D（6）.

五　周口店的厄运与新生

# （一）北京人化石失踪之谜

从以上各章，读者们可以领略到周口店在 20 世纪研究工作方面的主要成果。然而，人们不应忽略这些辉煌成果背后的故事。只有这样，我们才能够明白周口店研究走过了一个多么曲折而艰难困苦的历程，而多少人曾经为此付出了巨大的代价和牺牲。

周口店遗址从 1927 年开始系统发掘起，就处于军阀混战的动乱年代。这一点可以从步达生当年 10 月 29 日写给时在斯德哥尔摩的安特生的一封信里略知一二。写这封信时，从 4 月开始的周口店第一年正式发掘已近尾声。这次发掘由瑞典乌普萨拉大学维曼教授推荐来的古生物学家步林和中国地质学家李捷主持。步达生在信里写道："步林是一位优秀而热心的工作者，他在地方上不平静的环境下，不顾战乱，坚持工作。10 月 10 日翁博士（当时的中国地质调查所所长翁文灏——本书作者注）考虑到地方打仗，曾从大连发来急电，督促我把步林和李捷叫回来。但是，我在这里详细打听之后，觉得还不必这样做。于是写信给步林，讲明当前局势。告诉他不管是他还是李捷，我希望都不能去冒任何风险。不过，因为他们了解当地情况，所以该何时撤回城里，完全由他们自己决断。……

（10月19日傍晚）当我于6点半开完会回到办公室时，发现步林已等候在那里。他身穿野外工作服，风尘仆仆，但满脸笑容。他不顾战乱而完成了这个季度的野外工作，并于10月16日发现了那颗（北京人）牙齿。……我们现在已有50箱左右的材料运回北京，它们是上次战乱期间于7月下旬运回来的，还有300多个大箱尚未及运回。"

1928年也不平静。这一年杨钟健和裴文中加入周口店工作。从4月下旬开始，发掘到5月下旬，即因蒋（介石）、李（宗仁）、冯（玉祥）、阎（锡山）对奉系军阀张作霖之间的内战波及周口店而被迫中断。直到8月底局势缓和才得以恢复，但失去了将近三个月的宝贵时光。1929年由于裴文中发现第一个完整的北京人头盖骨而成为周口店发掘史上最辉煌的一年。然而，读者从本书第三章讲述的故事，特别是裴文中带着藏匿在被褥里的北京人头盖骨化石小心翼翼、忧心忡忡地在西便门军警岗哨前"闯关"入城的一幕，即可以体味到这个辉煌也实在来之不易。不过，和后来那场浩劫相比，上述惊险就算不上什么了。

1937年7月7日，日本侵略者挑起震惊中外的"卢沟桥事变"，发动全面侵华战争。这个事件就发生在由北平城通往周口店必经之路上的卢沟桥，对周口店工作的影响可想而知。事件发生后不久，贾兰坡留下部分工人看守山场，自己带领几个技工撤回城里。从1927年开始的系统发掘被迫中断，周口店历史上的黄金时代结束了。

进入8月，战事日紧。战火波及房山县城，周口店成了拉锯战的地方，龙骨山的房舍也轮番住进双方军人。在贾兰坡一再督促之下，留守人员陆续撤出，至1938年初只剩下几个。1

月18日，留守人员赵万华复信贾兰坡："昨接来信内情敬悉，惟万华回京事，现下天气严寒，……我若回京，此处恐有懈怠，又因道路甚紧，很有危险，稍微平定即可返京。"4月27日，贾又接赵4月23日信："现在本所工作停止。因便衣队在此驻防，在本山坡设立防御工事。"这是来自留守人员的最后音讯。此后，研究室与周口店的联系便中断了。

十多天后，贾兰坡忽然接到一封5月4日由周口店发出、但下款无署名的信，上面写道："五月三日赵万华、董仲元、萧元昌被日军绑走，押解到房山县城。"接着，5月中旬的一天，周口店有人来，告知：赵等人和其他多名"抗日便衣"被日伪军酷刑拷打之后用刺刀杀害于房山县城西门外。噩耗传来，同事们悲愤万分。滞留北京的法国学者德日进立即起身默哀，久久无语。赵万华等为周口店事业而牺牲，值得人们永远纪念。

"卢沟桥事变"后，北平城里新生代研究室内的工作仍在勉强维持。但是，中国地质调查所已开始陆续安排人员、设备和标本向大西南的重庆、昆明撤退。杨钟健和卞美年于当年绕道天津、香港，于11月中旬到达长沙待命。后来，他们又从长沙撤出，辗转到了昆明，最后落脚重庆北碚。1945年8月日本投降，杨钟健先是回到南京，然后才返回北平。有美国国籍的卞美年则去了美国。杨、卞在大后方的极端艰苦的日子里，以不屈的民族精神和科学家的高度责任感，克服重重困难，坚持工作，取得古生物学和地质学方面重大的、开创性的研究成果。例如，杨、卞在云南禄丰的"红层"中发现了种类丰富的"禄丰蜥龙动物群"，围绕这个世界著名动物群发表了二十多篇论文，出版了3部专著；杨钟健等在长沙考察砖红壤层和命名了"白沙井砾石层"，其报告成为研究南方更新世砖红壤层的经典之作。1938年11月，从法国学成归来的裴文中被任命为中国地质调查所北平分所主任，担当起留守的使命。

进入1941年，日美关系日趋紧张。北平城处于"山雨欲来风满楼"的紧张气氛之中。春夏之交，魏敦瑞应邀赴美国纽约国家自然博物馆继续研究北京人化石（图四八）。临行前，他要求模型专家胡承志复制北京人化石，随身带走一些，余下的邮寄。魏敦瑞离开北平后，一个早就压在人们心头的问题变得越来越沉重，那就是稀世珍宝北京人化石的安全问题。

本来，为了使这些化石免遭战祸，有几种可供选择的方案。一是随其他标本一起运往大后方。但路途遥远，战火纷飞，这样做要冒很大风险。第二个方案是将化石秘密装箱，就

图四八　魏敦瑞离京赴美

前排右四为魏敦瑞，左三为裴文中，二排右四为贾兰坡

地掩埋，待战后再挖出来。这的确是一个可供选择的方案，当年爪哇人化石就是由于采用这种办法而得以逃脱劫难的。笔者记得1974年4月9日，荷兰籍德裔人类学家孔尼华和夫人从香港入境准备北上重访周口店，黄慰文在广州接待他们。交谈中孔尼华讲述了爪哇人化石这段不寻常的经历。他说日军占领爪哇后也向他索取爪哇人化石。但他于事前已将全部化石埋入一个秘密地点藏好。日本人得不到化石，一气之下将他投入集中营，直到日本投降后他才重获自由。那段日子里，他受了很多苦，但是所幸全部爪哇人化石得以保存下来。不过，在日军占领下的北平实行这个方案必定非常困难。因为日本当局出于其侵略政策的需要，对北京人化石早已垂涎三尺，虎视眈眈。第三个方案是赶在日美交战之前，把化石运到美国暂时保存。这是当时有关方面再三考虑后决定采取的方案。

　　然而，"北京人"最后并未能逃脱劫难。1941年12月7日，日军偷袭美国太平洋舰队司令部所在地夏威夷，制造了震惊世界的"珍珠港事变"，美国随即对日宣战。日军于次日迅速占领北平等地的美国机构，包括存放北京人化石的协和医学院。就在这个事件的前后，北京人化石（连同全部山顶洞人化石和一部分灵长类化石）从人们的视线中消失了，至今仍下落不明。

　　几十年来，这件事一直牵动着中外科学家和善良人们的心。不少人想方设法，不遗余力地寻找，希望这批稀世科学珍宝有一天重见天日，回归故里。然而，人们的美好愿望一而再、再而三地落空了。时至今日，有关北京人化石的下落仍旧是国际传媒关注的热点。报纸上不时爆出"重新发现"北京人化石的惊人消息。以这个事件为题材的电视片、电影、小说，包括严肃的和荒诞不经的，已出了好几部。1982 年贾兰坡和黄慰文写作《周口店发掘记》时，抱着对历史负责的态度和为了在一定程度上满足读者的愿望，用了四章篇幅，根据保存下来的文件（主要是裴文中先生当年收集的），当事人和知情人的回忆，以及当年部分报刊资料，尽可能客观和全面地介绍事情的经过。现在，谨摘录当年新生代研究室模型专家、新中国成立后任地质部地质博物馆总工程师的胡承志先生的一封信，希望有助于读者了解事情的梗概。胡承志是最后接触北京人化石的少数几个中国人之一。他应贾兰坡的请求，在1977 年 3 月 4 日的信里回忆了当年的情形：

一九四一年春夏之交，魏敦瑞要去美国，暂时在纽约的美国自然历史博物馆工作。据他出发前说，去美国作客，让我把所有的（北京人）头骨都作成里外都有的脑壳模型，然后寄给他。我当时告诉他说，里外面都有是很费时间的事，而且有的还要重新作模子。他说，做到哪里算哪里。一旦通知你把化石装箱再停止工作，因为在这非常时期，把标本留在沦陷区也不安全，等他和翁文灏先生商量之后，就可以决定运出沦陷区。

不久魏敦瑞就走了。大约在他们走后两三个月吧，一次裴文中先生告诉我说"北京人化石要全部运走"，我没有问他细节，只问他什么时候装。他说"听信"。这一来又过了两三个月。一天上午息式白（Miss Hirschberg，刚来没几个月的魏敦瑞的女秘书）告诉我说，"标本要装箱运走"。我没有说什么，只是答应，但没有动手。当天下午我找到裴先生（他上午在西城兵马司九号办公，下午在东城娄公楼，我只有在下午才能见到他），把息式白说装箱的话告诉他了，问他怎样办。因为杨钟健南下之后，由裴先生担任研究室主任。他说："立即就装。"

第二天，我同解剖科技术员吉延卿一起装的。共装了两个木箱子，一个有写字台那样大的扁木箱子；一个略小一点，白碴木板，没有上油漆。

装箱时是先用白细棉纸把化石包好，再用卫生棉和细纱布裹上，然后再用白纸包好，放在小木盒内，盒内都垫有瓦垄纸数层，最后把小木盒分装在两个白木箱里。装好之后，我们把两个箱送到协和医学院总务长博文（T. Bowen）办公室，我们就交了差。此后，恐怕中国人再没有谁知道它们落到哪里去了。

一九四一年珍珠港事件之后，我们都失了业，各奔东西。回忆就在日本军占领协和医学院的第二天，裴先生告诉我说，王锡炽（协和医学院院长）告诉裴先生说，这两个箱子在送到总务长办公室的当天就被转送到F楼四号保险室内。过了一夜又被运走，不知运到哪里去了。关于这件事，我和裴先生曾一同回忆过，时间大约是在十二月八日以前的十八天到三周之间。不久日本的古人类学家长谷部言人博士来北京研究"北京人"化石，才发现"北京人"化石失了踪。

一九四五年秋，日本投降。不是在九月就是在十月记不清了，我正在南京，看到报纸上刊载翁文灏飞抵南京的消息。第二天我到国民党经济部去找他。我曾问他："北京人化石的下落？"他说："下落不明，据说是装上一条美国船以后，在撤退侨民时，刚开出不远，就在十二月八日被俘了。"当时他叫我回新生代研究室，向南京珠江路中国地质调查所报到。

一九四七年我同杨钟健先生出差来到了北京，偶然在东单附近遇到了息式白，她说她被日本宪兵队押着去天津花旗银行的仓库和其他的仓库找了好几天，没有找到那两箱东西就被释放了。以后我再没有机会看到她。

为了北京人化石，北京协和医学院解剖科马文昭教授告诉我说，他自己曾两度进了日本宪兵队，一次是因北京人化石的下落问题；另一次是因为孙中山先生的内脏问题。他说他和这两件事，都毫不相干，只好算他倒霉，孙中山先生的内脏是在病理科找到的。

日本人通过宪兵队等机关对北京人化石进行搜寻，连总务长博文办公室推着小车把这两个箱子送进"F楼"四号的保险库的工友常文学都被捉进了宪兵队。

我想，我只能提供装箱前后的事，其他的事大家都了解，即使是自己经过手的事，由于事隔多年，有些事已经记不太清了，不过还不会离大谱。

其他信息来源还谈及珍珠港事变发生后日军拦截负责撤退侨民、物资的美国海军陆战队从北京开往天津的火车专列，由上海到天津接运包括北京人化石在内的人员、物资的哈里逊总统号轮船在吴淞口触礁沉没，受命押运北京人化石的美国军医弗利在秦皇岛军营被俘……这些信息令人眼花缭乱，莫衷一是。然而，铁一样的事实无情地摆到了人们面前：北京人化石失踪了，而且从此下落不明。

两个箱子都装有哪些标本呢？根据贾兰坡当时保存下来的"装箱单"副本，装箱内容如下：

木箱之一，内装七大盒标本：

第一盒：北京人的牙齿（分装七十四小盒）

北京人的牙齿（分装五小盒）

北京人的残破股骨九件

北京人的残破上臂骨二件

北京人的上颌骨二件

北京人的上颌骨一件（发现于山顶洞底部）

北京人的锁骨一件

北京人的腕骨一件

北京人的鼻骨一件

北京人的颚骨一件

北京人的第一节脊椎骨（是否属于人的很可疑——贾注）

北京人的头骨碎片十五件

北京人的头骨碎片一盒（属于"Locus LI&II"）

足趾骨两盒（是否属于人的很可疑——贾注）

猩猩牙齿化石三小盒

北京人的残下颌骨十三件（其中最完整的一件尚未研究——贾注）

第二盒：北京人头盖骨

第三盒：北京人头盖骨

第四盒：北京人头盖骨

第五盒：北京人头盖骨（1929 年发现于"Locus E"）

第六盒：山顶洞人女性头骨

第七盒：山顶洞人女性头骨

木箱之二：

北京人头骨（发现于"Locus D"）

山顶洞人老年男性头骨

猕猴头骨化石二件（其中最完整的一件尚未研究）

猕猴下颌骨化石五件

猕猴残上颌骨化石三件

猕猴头骨化石残片一小盒

山顶洞人下颌骨四件

山顶洞人脊椎骨一大盒

山顶洞人盆骨七件

山顶洞人肩胛骨三件

山顶洞人膝盖骨三件

山顶洞人头骨残块三件

山顶洞人跗骨六件

山顶洞人骶骨二件

山顶洞人牙齿一玻璃管

山顶洞人下颌骨残块三件

据贾兰坡介绍，这是一份用英文打字机打出来的文件副本，上面注有 A 和 B 记号，还有几个中文字，他认得是新生代研究室事务秘书乔石生的笔迹。据此，贾认为这份清单可信。所以，这是一份十分重要的历史文件，也可以看做是日本侵略者的罪证。令人遗憾的是，这份文件在文化大革命的动乱中丢失了。幸好贾兰坡此前已将它发表在 1951 年的《文物参考资料》上[1]。后来，在贾兰坡所著《中国大陆上的远古居民》[2]以及他与黄慰文合著的《周口店发掘记》[3]里转载过。

上述损失只是周口店科学标本在战争中损失的一部分。至于其他重要的动物化石、文化遗物和珍贵的发掘记录（包括文字、绘图、照相、电影等资料）、图书等在南迁途中和未及运出而留在北京的，也遭受严重损失。抗战胜利后，从大后方运回来的和作为战利品从日本追回来的，已是残缺不全。这种状况对周口店研究无疑造成不可弥补的损失。

新中国成立后，杨钟健、裴文中和贾兰坡等多次努力，力图找回北京人化石等科学珍宝。1998年8月，年近九旬的贾兰坡和另外十多位中国科学院院士联名在宣传媒体上发出呼吁，指出："随着多数当事人和知情人的辞世或年逾古稀，我们寻找丢失的北京猿人头盖骨化石的希望也愈来愈急切。我们在想：这样一件发现于本世纪初的人类科学珍宝，在世纪中叶日本发动的侵华战争中遗失，而今天人类将告别这个世纪的时候，它们仍然不能重见天日。即使它们已经损毁于战火，我们也应该努力找到一个确切的下落。否则，我们又将如何面对后人？"

北京人，你在哪里？

## （二） 周口店的新生

1949年春北平和平解放。10月1日，毛泽东主席在天安门城楼向全世界庄严宣布："中华人民共和国成立了！"中国历史从此翻开了新的一页。作为一个世界著名的早期人类遗址，周口店也迎来它的新生。

1949年7月，时任新生代研究室主任的裴文中接到政府联络员通知，要他着手恢复周口店发掘。他让贾兰坡和鱼类学家刘宪亭负责具体实施。对于经历八年抗战的颠沛流离和三年内战苦难的周口店科学家来说，这个消息像久旱逢甘雨一样令他们喜出望外。国家对周口店遗址的高度重视又令他们激动万分（图四九、五〇）。

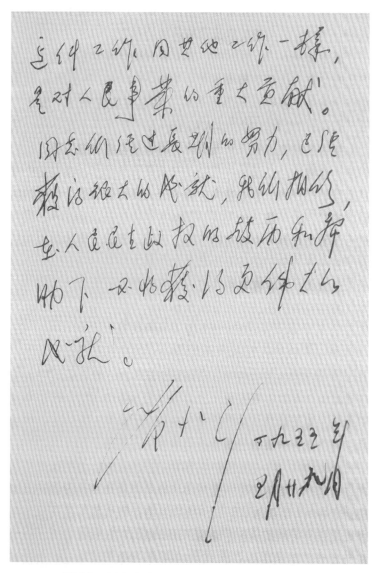

图四九 国务院副总理邓小平参观周口店遗址题词

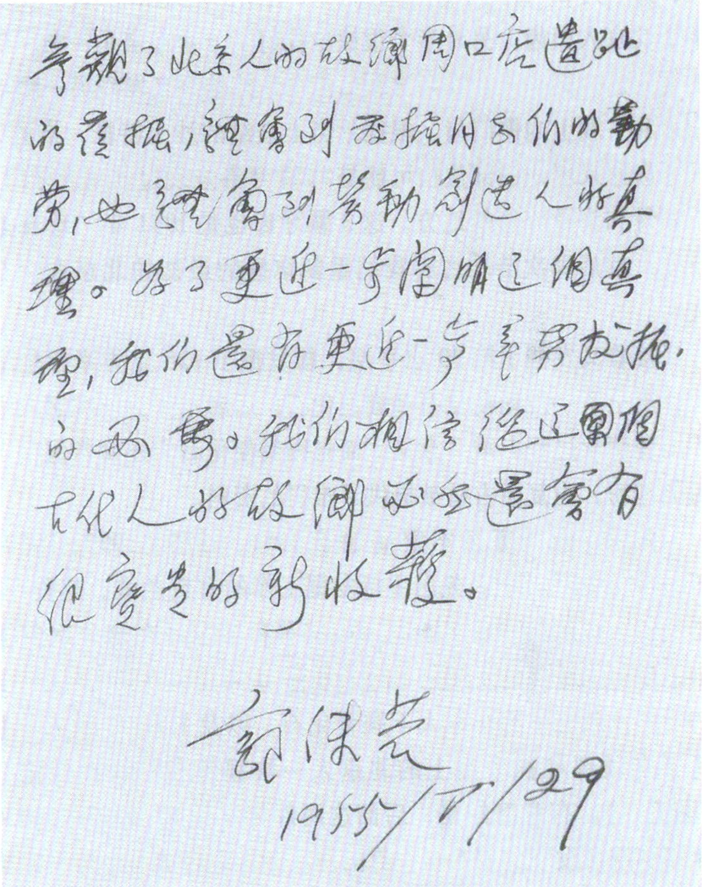

承袭了北京人的故乡周口店遗址
的发掘，既体会到劳动人民的勤
劳，也体会到劳动创造人的真
理。为了更进一步阐明这个真
理，我们还有更进一步的努力成绩。
的必要。我们相信经过周口店
古代人的故乡必然还会有
很意思的新收获。

郭沫若
1955/Ⅶ/29

图五〇　中国科学院院长郭沫若参观周口店遗址题词

经过两个月筹备，中断 12 年之久的发掘工作终于在新中
国正式成立前 4 天，即 1949 年 9 月 27 日恢复了。发掘开始
前，他们首先清理 1937 年被迫中断发掘时为防止日本人盗挖
而故意堆在发掘面原生地层上的浮土和浮石。清理工作的第 3

天，即 9 月 29 日上午，在发掘区西南角的一块堆积物中发现半个北京人臼齿，另外半个很快也找着了，合起来是一颗完整的下臼齿。同一天，在离这颗臼齿 1 米的地方又发现另一颗下臼齿和一颗上内侧门齿。根据牙齿上胶结的沙土特征，推测 3 颗牙齿原来埋藏的部位很可能是 1937 年春发现过北京人牙齿、下颌骨和头骨碎片的地方。这 3 颗牙齿也是 1941 年"珍珠港事变"前后那次浩劫之后我们重新掌握的最初的北京人化石真品。

接着又发掘了第 30 水平层，新发掘了 125 立方米原生地层，出土了一批动物化石和粪便化石，后者不仅为研究洞穴堆积的埋藏学过程有重要意义，而且因粪便化石内还常常保存当时的孢粉，为复原古植被提供了难得的资料。

此后，周口店又不定期地于 1951、1958、1959、1960、1966 年发掘了几次。先后主持发掘工作的有贾兰坡、赵资奎、李炎贤、戴尔俭、裴文中和邱中郎等科学家。在这几次发掘中，最引人注目的发现是 1959 年赵资奎主持下在第 10 层出土的一件比较完整的北京人下颌骨化石，以及 1966 年裴文中主持下在顶部堆积中出土的北京人一块额骨和一块枕骨化石（图五一）。有意思的是，后面这两件化石竟能和 1934、1936 年相邻层位发现的第 5 号头骨的两块颞骨组合成一个近乎完整的头骨。原来，上述几件碎片同属于一位北京人。只是它们先后被科学家发现，中间相隔了 32 或 34 年！另外，贾兰坡在 1950 年清理室内标本时，从积存的碎骨中认出北京人的肱骨（上臂骨）和胫骨（小腿骨）各一小段。过去，从未出土过北京人的胫骨。所以，这次虽然材料破碎，却填补了北京人化石材料中的一个空白。

图五一　发掘顶部堆积

　　1977 年底，在席卷全国的文化大革命风暴在全国基本平息的情况下，周口店研究史上一次最大规模的多学科综合研究开始了。这个大项目由中国科学院古脊椎动物与古人类研究所人类学家吴汝康主持，来自北京、天津、南京、西安、兰州、石家庄等地的 16 个科研、生产和教育系统的上百名科研人员投入工作，历时长达 3 年。考察和研究内容包括北京人及伴生动物、周口店及邻近地区的晚新生代地层、岩溶洞穴发育规律、孢粉、古土壤、沉积环境、古气候、年代测定等方面问题。此外，北京市城市规划局地形地质勘测处对龙骨山及邻近地区进行了详细的地形测绘，北京科学教育电影制片厂拍摄了综合研究的科学资料片。关于这次综合考察的主要成果后来汇集成册发表[4]。我们结合本书第四章关于周口店几大热点的讨论已介绍了其中部分内容。

**注　释**

[1] 贾兰坡《中国猿人化石的失踪及新生代研究室在抗日期间的损失》，《文物参考资料》1951 年第 3 期。

[2] 贾兰坡《中国大陆上的远古居民》，天津人民出版社 1978 年版。

[3] 贾兰坡、黄慰文《周口店发掘记》，天津科学技术出版社 1984 年版。

[4] 吴汝康等《北京猿人遗址综合研究》，科学出版社 1985 版。

六　走出周口店

## （一） 黄土地质考古带

1932 年，安特生的《黄土的儿女：史前中国之研究》（*Children of the Yellow Earth：Studies in Prehistoric China*）一书出版。用"黄土的儿女"作为这部记述他发现周口店和仰韶（位于河南渑池）等史前遗址考古经历的回忆录的书名，真是再贴切不过了。因为，几十万年前旧石器时代的周口店北京人也好，五千多年前新石器时代村落的仰韶居民也好，都生活在华北的黄土地带。事实上，周口店的早期研究者从来不把自己的目光局限在周口店的洞穴里。主持发掘工作的杨钟健和德日进于 1929 年春向裴文中布置好当年的发掘任务后，即匆匆上路，走入黄沙漫漫的陕晋北部的黄土高原，以寻找可供解释北京人生存环境的证据，发现更多的人类化石和旧石器。

黄土是一种风成沉积，是西风和季风的产物。它在欧亚大陆的广大温带形成一个东西连绵 8000 多公里长的花环状的巨型地质体。中国是这个花环的东端，这里保存了世界上面积最广和厚度最大的黄土堆积。据统计，中国黄土总面积达 45 万平方公里，仅覆盖在黄河中游的黄土高原面积就有大约 35 万平方公里之多。在陕西和山西，黄土剖面通常厚达一二百米。而在兰州附近，甚至超过 400 米。

　　黄土堆积并非单纯由黄土组成。一个比较完整的黄土剖面总是由若干层黄土（灰黄色的砂和粉砂）和若干层古土壤（深褐色的黏土和钙质结核，也叫埋藏土或"红色条带"）一层一层地交替叠压而成，远看很像一块巨大的、由多层巧克力夹心组成的大蛋糕。黄土形成于干冷气候和荒漠、干草原植被环境；古土壤则是黄土在温暖、湿润气候和森林—草原植被条件下经受化学风化（土壤化）的结果。因此，黄土—古土壤序列是干冷、暖湿气候波动和相应的植被交替的良好标志。地质学家研究了陕西洛川、西峰、渭南、宝鸡等地的黄土剖面，识别出距今 260 万年以来存在 37 个相当于冰期—间冰期的大的干冷—温湿气候旋回和 110 个次一级的气候期。值得指出的是，中国黄土剖面记录的气候波动曲线与深海沉积物和极地冰芯记录的气候变化曲线有良好的对应关系，表明中国黄土剖面具有全球环境变化的指示意义。地质学家根据岩石学和年代学的研究，将中国黄土自下而上划分为"午城黄土""离石黄土"和"马兰黄土"三个部分，北京人属于其中的"离石黄土"阶段。

　　考虑到黄土与人类进化的密切关系以及黄土地质带是重要人类化石和旧石器文化遗址集中分布地，著名的第四纪地质学家刘东生提出"黄土地质考古带（loessic geoarchaeological belt）"和"黄土石器工业（loess lithic industry）"概念。他指出，黄土是一个跟随着人类发展脚步而形成的巨型地质体，不仅记载了 260 万年以来的地质变化，也记载了同时期人类的进化，将两者很好地结合起来加以研究是一件很有意义的事情[1]。下面，我们简要介绍几个发生在这个地质带的考古事例。

## 1. 鄂尔多斯高原

提起华北黄土地质带，我们立即会想到宁夏灵武的水洞沟和内蒙古南部的萨拉乌苏。这两个同处于鄂尔多斯（蒙古语"水草丰盛之地"）高原南缘的地点，是我国境内最早发现的人类化石和旧石器遗址。它们一个在宁夏首府银川市东南约30公里的明代长城脚下；一个在"一代天骄"成吉思汗陵墓所在地伊克昭盟（今鄂尔多斯市）的乌审旗。前者是法国博物学家桑志华和古生物学家德日进于1923年发现并于同年9月发掘的遗址，后者是1922年桑志华采集过动物化石并由他和德日进于1923年7～8月进行发掘的遗址。20世纪20年代初，虽然安特生已经发现周口店北京人遗址，但到1927年才开始系统发掘，旧石器文化则到1931年才被确认。所以，水洞沟和萨拉乌苏实际上是最早正式发掘和系统研究的两处中国旧石器遗址。

水洞沟遗址埋藏于黄土覆盖的河流堆积之中，出土了非常丰富的石制品以及一些破碎兽骨和火塘等人类活动遗迹（图五二）。由勒瓦娄哇技术制品、莫斯特尖状器、新月形边刮器以及奥瑞纳石叶制品如端刮器等典型"西方特色"石器和细石器等组成的水洞沟石器工业，在研究末次冰期时欧亚大陆人类迁徙、东西方文化交流等课题上具有十分重要的意义（图五三）。根据最新的加速器质谱（AMS）[14]C测定，水洞沟遗址的年代为距今2.9万～2.4万年左右[2]。水洞沟遗址的地层、古生物和旧石器文化由布勒、步日耶、桑志华和德日进做了原始性研究[3]。新中国成立后，中国的地质学家和考古学家又做了大量后续性工作，其中包括宁夏考古、地质部门于1980年进行的一次重要发掘[4]。

图五二　水洞沟遗址

　　萨拉乌苏遗址位于鄂尔多斯高原东南角的毛乌素沙漠深处，东面、南面与陕北黄土高原接壤（图五四）。在蒙古语里，"萨拉"是"黄色的"，"乌苏"是"河"的意思。发源于黄土高原的这条小"黄河"（因河岸盛产红柳，汉语里称这条河为红柳河）像一条游龙似的一头扎进北面的茫茫沙海。它蜿蜒流动，沿途切割出七八十米深的峡谷，同时又在身后留下一个个由水草丰盛的河湾组成的绿洲。到了巴图湾，它突然调头折向东南，重返陕北高原并注入无定河，最后在陕西省清涧县境内汇入黄河。

　　萨拉乌苏是华北第四纪晚期河湖相地层的标准剖面，记录了距今十多万年来非常丰富的气候变迁信息。整套地层叠压在中生代红色砂岩为基底的洼地之上。以嘀哨沟湾剖面为例，它的底部露出残存的中更新世离石或早更新世午城黄土，向上为厚度超过 40 米的"萨拉乌苏组"河湖相沉积，成分是颗粒细致的灰白、灰绿色黏土，砂质黏土和黄色细砂、粉砂。"萨拉乌苏动物群"的大量动物化石，包括保存很好的纳玛象、水牛、大角鹿、披毛犀、野马、野驴、羚羊等大约 34 种，鸵鸟等 11 种鸟类化石，以及大约 20 件晚期智人化石、数百件石制品和一些由灰烬、炭屑组成的篝火遗迹即出自这部分沉积之中。"萨拉乌苏组"在层位上与马兰黄土底砾层大体相当。

根据动物群的成分和习性，以及地层里采集的孢粉样品分析，这部分沉积形成于气候相对温暖、湿润的末次间冰期（距

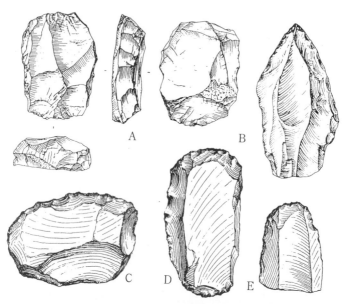

图五三　水洞沟石器

A. 勒瓦娄哇石核；B. 莫斯特尖状器；C. 莫斯特新月形边刮器；

D&E. 奥瑞纳端刮器（据贾兰坡等，1964 年；宁夏文物考古所，2003 年）

图五四 萨拉乌苏遗址

今 12.8 万~7 万年），而不是过去我们认为的末次冰期里的暖期（距今 3.7 万~2.3 万年）。限于过去的实验条件，1980 年用 [14]C 测定的文化层年代为距今 3.5 万年左右，铀系法测定为距今 4 万~5 万年。这两种结果与用热释光法测定的距今 14 万~7 万年的结果[5] 相去甚远。1999 年 7 月，黄慰文陪同国家地震局地质研究所尹功明访问萨拉乌苏，在 1980 年黄慰文发掘的范家沟湾遗址采集砂样进行光释光方法测定，结果为接近距今 7 万年。看来，根据新的测定和今天国际上认同的建立以气候变化为标志的地层层序的原则，将萨拉乌苏遗址时代置于末次间冰期是比较可信的。

"萨拉乌苏组"之上为大约 20 米厚的风成砂（上部和下部）为主、兼有短时湖沼相黏土质粉砂（中部）组成的堆积层，称为"城川组"。此层动物化石稀少，人类活动遗迹罕见。这部分地层在时代上相当于马兰黄土底砾层之上的黄土，即晚更新世晚期或末次冰期的最后阶段，中部湖沼沉积中的淡水螺壳的$^{14}$C 测年为距今 27940 ± 600 年，与水洞沟遗址的年代大体同时。

"城川组"之上为全新世中下部的"大沟湾组"，厚约 2 ~ 4 米。上部为灰黑色粉砂质黏土，$^{14}$C 测年为距今 5070 ± 75 年，其中有丰富的细石器、磨制石器、陶片、装饰品、烧过的人骨和兽骨等新石器时代遗物；中部为灰绿至黄绿色粉砂质细砂，$^{14}$C 测年为距今 9510 ± 110 年；下部为锈黄色细砂。

再上为全新世晚期的"滴哨沟湾组"，厚 5 ~ 6 米。自上而下由现代沙丘、冲积次生黄土、黑垆土、棕黄色黏质粉沙（上部）和灰绿色粉沙质细沙和锈黄色细沙（下部）组成，$^{14}$C 测年为距今 2300 ± 90 年。这是历史时期的河流和风成沉积，发现有汉、唐以至宋、元、西夏等朝代瓷片、陶片、铜钱、铜箭镞等遗物[6]。

现代人起源问题是当前人类学研究的热点之一，存在非洲起源说和多地区起源说的争论。前者是几位美国遗传学家于 1987 年提出来的，后者是由我国吴新智、美国沃尔波夫和澳大利亚索恩等三位人类学家共同提出的，时间比前一假说早了 3 年。非洲说根据对现代几大人种胎盘细胞线粒体的研究，发现黑色人种线粒体 DNA（脱氧核糖核酸）的变异比其他人种都多。由于产生线粒体变异的速率是恒定的，既然黑色人种积累的变异比其他人种多，表明他们的历史最长，有当"夏娃"（按基督教《圣经》的说法，世界上的人都是亚当和夏娃的后代。这种现代人起源假说因此也称为"夏娃说"）的资格。遗传学家们推算出黑色人种的历史大约为 20 万年，并估计大约从 13 万年前开始走出非洲，逐步取代原先生活在亚洲和欧洲的早期人类。

平息这场争论的关键在于东亚是否存在和非洲一样古老的现代智人化石。持夏娃说的学者声称：东亚不存在比距今 6 万年更早的现代智人化石，而这样古老的现代智人化石在非洲已经出现，年代可达距今 13 万年左右以至更早。英国《自然》杂志 2003 年第 423 卷报道了美国人类学家怀特（Tim White）等 1997 年在埃塞俄比亚东部干燥的阿瓦什（Awash）河谷里找到一批智人化石，包括一名成年人和一名儿童的相当完整的头骨，以及另一名成年人的头骨碎片。据测定这批化石的年代大约距今 16 万年，是迄今发现的最古老的智人化石（见该刊文章《Pleistocene *Homo sapiens* from Middle Aswash, Ethopia》）。其实，过去所报道的东亚现代智人化石的年代往往被人为地压低了。非洲是火山活跃地区，可以用火山物质作多种同位素方法测定，所得结果比较理想。我国缺少这样的条件。过去我们一般只能采用碳同位素方法和铀系法测定。但前一方法可测定的范围不超出距今 4 万年。铀系法测定的范围虽然可以扩大到距今 40 万年，但过去通常采用动物化石进行测定，由于里面的铀保存状态不稳定，可以"自由进出"（行话称作"不封闭"），所得出的结果一般偏低。

发育好的钟乳石里面的铀的保存状况稳定，使铀系法测出的结果接近实际年代。不久前我国年代学家沈冠军等重新考察柳江人遗址的洞内保存的堆积层，对出露的钟乳石进行铀系法测定。柳江人化石是 1958 年当地农场挖掘洞内堆积时偶然遇到的，考古学家随后才到达现场，因而一直存在层位疑问。不过，由于洞内一共出露3个钟乳石层，而顶层钟乳石之上再无堆积物，因此，尽管当年化石出土的确切层位无法确定，但现在总算有了一个上限，即不会比顶层钟乳石生成的年代晚。分析结果，表层钟乳的年龄大于距今6.8万年，中层为距今11.1万~13.9万年，下层大于距今15.3万年[7]。上述测定结果表明：柳江人化石的年龄至少为距今7万年；但根据化石埋藏状况分析，人类化石出自中层钟乳石以下地层的可能性更大。也就是说，柳江人更可能是距今11万~14万年。另外，也不完全排除出自下层钟乳石之下的可能，即早于距今15万年。

对广西另外几处产现代智人化石的遗址的测定也有类似结果。现在，生活在华北温带地区的萨拉乌苏现代智人化石的年代也在距今7万年以上，而且也有可能接近于距今14万年。这一事实表明在较早时候，具有现代人体质特征的早期人类已广泛分布于东亚南部和北部。它们的年代与非洲同类化石不相上下。

萨拉乌苏河谷本身不产卵石，打制萨拉乌苏石器的工匠们不得不长途跋涉到40多公里远的西部高地上采集石器原料，从那里的黄土砾石层里挑选一种黑色硅质页岩、一种褐色石英岩和一种白色石英小卵石打制石器。原料供应的困难，造就萨拉乌苏石器工业的一些突出特点。例如，对来之不易的石料特别珍惜，尽量"物尽其用"。又如尺寸特别细小。边刮器算是尺寸最大的一类工具，其平均长度为25.3毫米，最大的一件也不过55毫米×35毫米×13.2毫米，而且是孤例。雕刻器很小，平均长度为13.3毫米，最小一件只有7.5毫米×11毫米×3毫米。像尺寸这样小的石器，不仅在中国已知的旧石器工业是独一无二的，即使在全世界亦属罕见（图五五）。

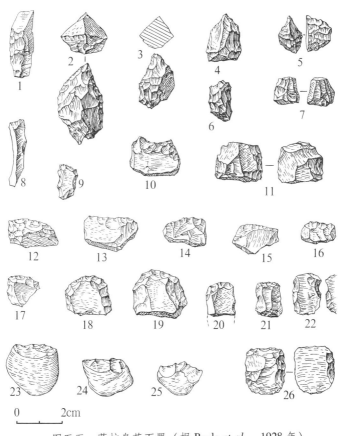

图五五　萨拉乌苏石器（据 Boule *et al.*，1928 年）

## 2. 汾渭地堑

　　介于秦岭山脉与鄂尔多斯高原之间的汾渭地堑，地处华北黄土高原腹地。自 1953 年以来，先后发现了丁村、匼河、西侯度（以上在山西）、三门峡（河南）、蓝田、大荔、洛南（以上在陕西）等一大批重要人类化石和旧石器遗址。其中，蓝田公王岭遗址的年代为距今 115 万年左右，西侯度遗址更早一些，为距今 127 万年[8]。这些事实表明早在早更新世时候中国黄土高原腹地已经成为旧大陆早期人类活动最为频繁的地区之一。

丁村遗址发现于 1953 年。第二年由杨钟健领导的中国科学院古脊椎动物研究室（古脊椎动物与古人类研究所的前身）与山西省文物管理委员会组成的发掘队，在贾兰坡主持下对散布在汾河沿岸的十多个地点进行调查和发掘。1958 年发表由裴文中主编的《山西襄汾县丁村旧石器时代遗址发掘报告》（科学出版社）。古生物学家周明镇、古人类学家吴汝康和古鱼类学家刘宪亭也参与研究工作。丁村遗址是 1949 年新中国成立后的一个重大考古发现，具有特殊的意义。首先，它是 1927 年开始的周口店研究计划于 1941 年彻底瓦解之后，由一批当年在周口店工作过的中国科学家在自己祖国独立取得的一项重大研究成果，是周口店事业复兴的一个强大信号。当时，正值西方国家对新生的中国实行政治、经济和军事的全面封锁时期，中国学术界亦不得不中断了与外国同行正常的学术交流；其次，丁村遗址地处黄土高原，它的发现可以看做是"走出周口店"的第一步。从它开始，匼河、西侯度、三门峡、蓝田、峙峪、大荔和洛南等一系列重要遗址相继问世。

丁村遗址由汾河沿岸近 20 公里范围内的 10 多个地点组成。这些地点均位于第三阶地的砂砾层中，上覆含第一古土壤层（S1，距今 12.7 万 ~ 7.3 万年）的离石黄土，表明文化层的时代为中更新世最后阶段，距今年代约 25 万年左右。从各地点出土的石制品达 2000 多件，智人牙齿化石 3 枚。它们与一个稍晚于周口店北京人时代的动物群共生。丁村石器工业由手镐（原报告的"三棱大尖状器"、"大尖状器"或"丁村尖状器"）、薄刃斧（原报告的"多边形器"）、手斧（原报告的"多边形器"）、球状器、砍砸器等重型工具为主要成分。它们多半用大石片（包括很有特色的、由双阳面构成的孔贝哇石片）加工而成，在技术、类型上具有典型的欧洲晚期阿修尔文化的特点。同时，也存在一定数量的边刮器、尖状器、锯齿刃器、凹缺器等西方旧石器时代初期后一阶段和中期常见的轻型工具。总之，丁村石器工业是东亚地区第一个发现的具有西方阿修尔技术特色的旧石器工业（图五六），在研究欧亚大陆早期人类迁徙和东西方文化交流方面具有重要价值。

匼河遗址位于与潼关隔河相望的山西省芮城县著名的风陵古渡西北约 7 公里的黄河左岸，1959 年发现，第二年发掘，由贾兰坡主持研究并于 1962 年与王择义、王建合作发表正式报告。石制品出自黄土之下的桂黄色砂砾层或泥灰层中，动物化石有肿骨鹿、扁角鹿、水牛、剑齿象和马等 13 种。整个动物群显示出很古老的面貌。特别是剑齿象与古老的师氏剑齿象类似，而马的牙齿后来切片证实为三趾马。这两种动物生活时代为上新世到早更新世。正式报告曾根据动物化石将匼河文化层与周口店第 1 地点下部对比，认为其时代可能稍早于北京人。但是，1962 年冬裴文中、贾兰坡赴现场讨论时（本书作者在场），裴指出匼河所处地貌部位较低，时代不会像贾所说的那么早。裴担心一些化石可能从附近古老地层里被河水冲刷出来，然后重新堆积到今天所看到的地层里去。现在看来，裴的担心不无道理。总的看来，将匼河遗址看作丁村、三门峡的同期遗址也许更加合适。这次发掘到的石制品比较单调，难以反映石器工业的全貌。20 世纪 70 年代山西的考古学家们又发

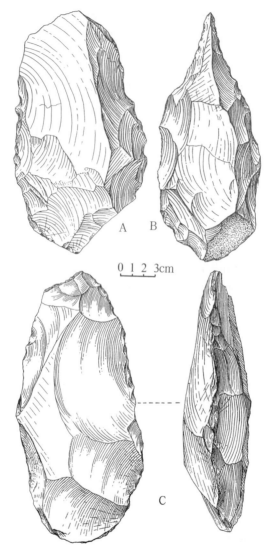

0 1 2 3cm

A　B

C

图五六　丁村石器

A，薄刃斧；B，手镐；C，手斧（据裴文中等，1958 年）

掘到一批很好的制品，相信材料发表以后，定会有助于我们认清匼河文化的"庐山真面目"。

西侯度遗址位于山西南部中条山山麓，在黄河左岸170米高的古老阶地上，与匼河遗址同时发现，1961年发掘。从大约50米厚的午城和离石黄土之下一个18米左右厚的砂砾层中，出土了一批保存很好的鹿角和象、野猪、野牛、鬣狗、羚羊、丽牛、犀、三趾马、三门马、巨河狸等哺乳动物，以及鸵鸟、鲤鱼和鳖等化石。这个层还出土了30多件石制品和火烧过的碎骨、鹿角和马牙。与丁村、匼河遗址不同，西侯度的研究工作陷入一场迄今未见尽头的争论之中。

学术界对于遗址的时代没有争议。因为动物群的性质古老，含有剑齿象和平额象、多种麋鹿和轴鹿、板齿犀，以及丽牛、三趾马、巨河狸等大批早更新世泥河湾动物群甚至时代更古老的种类。而且，文化层之上覆盖着巨厚的黄土。过去曾经估计年代可能达到距今180万年。不久前正式的古地磁测定为距今127万年。然而，对于那批石制品和几件被火烧过的动物肋骨、鹿角（上面保留了清楚的人工砍痕）和火烧过的马牙的人工性质，裴文中和贾兰坡存在尖锐分歧。裴认为西侯度的"文化遗物"都不是人类所为，而是自然力所致。由于存在激烈的争论和一些其他原因，这个本来与东非奥杜韦遗址差不多同时发现的中国早更新世旧石器遗址直到1978年才得以发表正式报告，错失了一次由中国人打破人类历史记录的良机。这不能不说是一件令人非常遗憾的事。

位于黄河中游三门峡市黄河右岸边上的三门峡遗址，是1963年黄慰文在豫西地区考察时发现的，并做过试掘，第二年在《古脊椎动物与古人类》杂志上发表初步报告。石制品和零星的动物化石出自黄土之下的灰绿色砂质黏土层中，地貌部位、岩性特征、文化层层位大致可以和丁村遗址对比，遗址的时代也可能大致相同。与丁村工业的情况基本一样，三门峡工业亦由大石片加工的手斧、薄刃斧、手镐、球状器、砍斫器等组成，也是一个具有西方晚期阿修尔文化特色的工业（图五七）。

1963 年，由张玉萍和黄万波率领的古脊椎动物与古人类研究所野外考察队，在陕西蓝田盆地陈家窝子村附近的坝河第四阶地的黄土层中，发现一件直立人女性下颌骨（图五八）。它的形态特征与北京人下颌骨基本相同。根据古地磁测定和黄土—古土壤序列对比，其年代在距今 60 万 ~ 70 万年，相当于周口店第 1 地点下部。陈家窝子的下颌骨是周口店以外的中国境内发现的第一件直立人化石，是真正"走出周口店"的第一步。

1964 年，从蓝田盆地传出更加令人兴奋的消息。那一年，

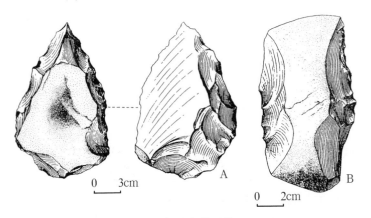

图五七 三门峡石器

A. 手镐，B. 薄刃斧

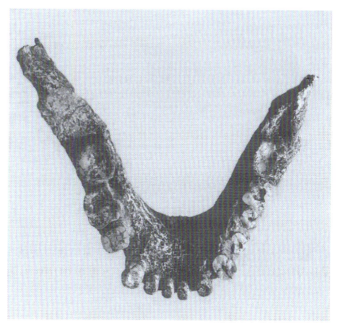

图五八　陈家窝子直立人下颌骨

鉴于蓝田盆地新生代地层含有丰富的动物化石和良好的出露状况，加上受陈家窝子发现直立人化石的鼓舞，全国地层委员会决定委托中国科学院古脊椎动物与古人类研究所主持一次蓝田新生界地层多学科综合考察。来自全国科研、教育、生产系统11个研究机构的上百名研究、技术人员，从1964年4月初云集蓝田，开始了为期两个月的考察工作。作为主办单位，古脊椎动物与古人类研究所派出一支地层考察队和四支发掘小分队参加会战。曾长期主持过周口店工作的贾兰坡坐镇县城的"司令部"，协调和指挥这场会战。由黄慰文带领的一支小分队负责公王岭遗址发掘。

蓝田盆地在中国古都长安（今西安）东南，南依巍巍秦岭，北临壮丽的黄土塬，是一个山川秀丽、人杰地灵的好地方。在过去六千多万年里，盆地沉积了几乎整套新生代地层。后来，它们被纵贯盆地东西的渭河支流坝河切开，在许多地方露出极好的地层剖面。更令第四纪地质学家高兴的是，盆地里发育了极好的富含动物化石与早期人类活动遗迹的黄土和阶地堆积。早在 20 世纪 30 年代，著名脊椎动物学家杨钟健就十分关注蓝田。这次综合考察开始前，他的学生、著名的第四纪地质学家刘东生已经在那里做了很好的前期工作。

公王岭地点也是 1963 年张玉萍、黄万波的调查队发现的。和其他地点一样，1964 年的发掘实属不易。除了经常吃不饱肚子（那时三年经济困难时期尚未完全过去），更大的麻烦来自老天爷。那一年雨雪特别多。整个发掘过程可以用"两天打鱼，三天晒网"来形容。公王岭由午城黄土（下部）和离石黄土（上部）以及一个三十多米厚的底砾石层组成。化石产自午城黄土地层。这是一种颗粒非常细腻的黏土，晴天干裂为当地老乡所说的"瓣瓣土"，雨天一经触动则变得泥泞不堪，一塌糊涂。里面的化石异常松软、糟朽，像受潮的饼干，发掘工作难度极大。幸好小分队有一位经验丰富的技工武英（后来改名武文杰）指挥现场发掘，才扭转初期的被动局面。特别是他采取了从中苏古生物考察队学来的"套箱法"，将化石连同堆积物一起套进现场"量体裁衣"的木套箱里，运回北京后再在实验室里开箱，然后从容不迫地剔除堆积物，用化学材料加固和取出化石。这种办法使大量公王岭化石得以完好保存下来，逃脱了发掘过程中难以完全避免的损坏。蓝田直立人头骨就是清理四十多个套箱时在其中的一个套箱中发现的

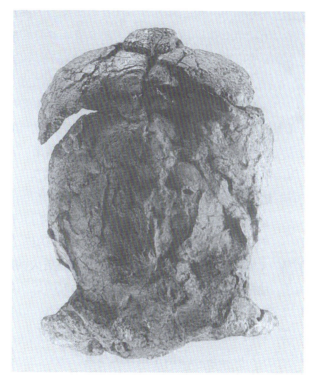

图五九　蓝田直立人头盖骨

（图五九）。当然，这个重达五百多公斤的套箱由于事前发现了一颗人牙而被"盯上"，室内清理过程中受到特别关注。

公王岭的人类头骨保存了额骨、大部分顶骨和部分颞骨、鼻骨和上颌骨，以及右上第二、第三臼齿和左上第二臼齿。它具有直立人头骨的共同特征，如眉脊粗壮，眉脊后方的部分缩窄，头骨骨壁很厚，颅穹隆低平，牙齿硕大，等等。但上述原始性状表现得比北京人更加突出。特别是蓝田人的脑量估计只有780毫升，远远低于北京人或一般直立人的平均脑量。

与上述人类化石一起，出土了一些石制品和四十多种哺乳动物化石。化石中森林动物占据优势。与北京人动物群基本上由温带动物组成不同，公王岭动物群拥有一批从秦岭以南迁徙来的南方动物，如大熊猫、东方剑齿象、爪兽、毛冠鹿、苏门羚等。动物群鲜明的南方色彩，既表明蓝田人生活在气候温暖、湿润和植被丰富的亚热带环境里，亦表明它的生存时代不同于北京人。地质学家根据古地磁测定和与华北黄土—古土壤序列、深海氧同位素阶段对比，确定蓝田人的年代为距今115万年左右。这是迄今为止在东亚北部发现的最古老的人类化石。不过，这个年代可能还是保守的。记得1974年初夏荷兰人类学家孔尼华在广州会见黄慰文时说，中国同行可能低估了蓝田人的年代（当时，蓝田人的古地磁测定结果为距今85万或100万年）。他根据人类化石的结构特征和共生的哺乳动物，认为蓝田人应该和爪哇莫佐克陀人同时（当时后者的钾/氩法年代为距今190万年，后来用氩/氩法重测为距今186万年）。

和人类化石、动物化石的丰富程度与重要性相比，蓝田地区发现的旧石器似乎有所逊色。不仅数量不多，而且出自正式考古发掘的标本更少。不过，蓝田石器仍值得重视，因为在其中我们可以看到手斧、手镐、薄刃斧、盘状器等西方阿修尔文化成分。而它们的时代又往往比欧洲同类文化早了许多，尤其是那件来自公王岭以西约两公里的平梁地点、地层比蓝田人化石层位稍低的手斧（图六〇）。这件被原研究者称为"大尖状器"的工具[9]，在美国出版的《人类进化与史前史百科全书》里被收录为阿修尔文化早期手斧的一个范例，与非洲和欧洲手斧放在一起，而且用作全书扉页插图[10]。

### 3. 泥河湾盆地

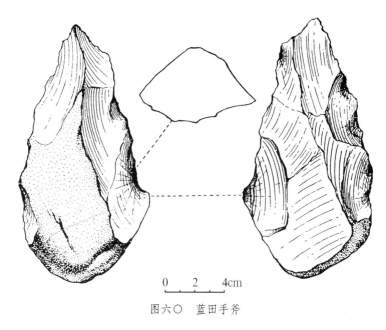

0　　2　　4cm

图六〇　蓝田手斧

　　泥河湾盆地位于河北省北部的阳原县、蔚县和山西省北部的阳高县一带，是一个西南至东北延伸的狭长的晚新生代断陷盆地。它的东端在北京以西大约 150 公里，横贯盆地的桑干河在那里切开一个缺口，然后流入北京西北的怀来盆地。由于河流下切强烈，泥河湾盆地东部地层出露好过中部和西部，年代古老的早更新世遗址几乎都集中在这里。从 20 世纪 20 年代起，盆地里充填的巨厚河湖沉积、丰富的动物化石引起了地质学家、古生物学家的注意。近年，那里又成为国际学术界关注的研究东亚北部早期人类迁徙活动的热点。

　　还在考察早期，盆地里的一些考古材料已经引起法国史前学家步日耶的注意，但因证据不足而未被人们所承认。1974

年发现许家窑遗址，1976 年开始发掘，终于宣告了泥河湾盆地旧石器考古时代正式到来。中国科学院古脊椎动物与古人类研究所贾兰坡、卫奇等在那里的河湖地层里挖到一批人类化石（包括顶骨、枕骨、颞骨、上颌骨、下颌骨和单个牙齿）、大量破碎兽骨，还有极其丰富的石制品和骨角制品。"许家窑人"头骨骨壁之厚和牙齿之硕大和北京人的不相上下，但脑量却达到现代人水平，总体特征表明它属于早期智人。"许家窑人"制作工具和武器的工艺水平很高。尽管使用大量并非优质原料的脉石英，但石器中精品不少。它的类型和技术风格与北京人石器属于同一个传统。不同之处是"许家窑人"普遍打制石球，出土各种不同规格的石球数量达上千件之多。此外，遗址还出土了一批用羚羊角做的挖掘工具，这也是在北京人遗址看不到的。

在我国的旧石器遗址中，许家窑提供的打猎证据最充分、最明确。除前面提及的石球和一些可充当矛头使用的尖状器外，遗址出土的大量野马、野驴、羚羊、披毛犀、猛犸象和野牛等食草动物碎骨也为早期猎人的打猎活动提供了充分的物证。这些动物当时成群出没于草原地带，孢粉分析和地质学研究表明泥河湾盆地当时处于气温较低和比较干燥的冰缘气候环境之中。

贾兰坡等在最初的调查报告里将许家窑遗址的时代估计为晚更新世早期，铀系法测定也获得距今 11 万年左右的结果。然而，随后在第一次发掘时发现了北京人时代的标志性动物裴氏转角羚羊和十分接近于北京人的人类化石，于是把遗址时代提早到"里斯冰期末期"，亦即中更新世后期。那时，一些研究者视"许家窑人"为北京人的继承者，许家窑是北京人迁出周口店后的重要去处之一。不久前，挪威著名古地磁学家勒夫莱（Reidar Lovlie）和中国科学家合作的古地磁测定，表明"许家窑人"生活年代应早于晚更新世，为距今 50 万年左右[11]。看来，许家窑人不是北京人的"后继人"而是"同龄人"。如果新的年代测定准确，人类学家就需要考虑：直立人与早期智人的划分是否必要？如果这种划分必要，则表明两种进化程度差别较大的人生活在同一个时代；若分类不必要，则需把两者合并。那么，是把它们都叫做直立人好，还是叫做智人好呢？

1978 年，古脊椎动物与古人类研究所尤玉柱、汤英俊、李毅等发现小长梁遗址，使泥河湾盆地早更新世旧石器考古迈出了坚实的第一步。三年后的 1981 年，卫奇在小长梁附近发现东谷坨遗址。两个遗址出土丰富石制品的文化层均位于盆地的泥河湾期地层之中，小长梁文化层在地表以下 67 米，东谷坨则在地表以下 45 米。最初的古地磁测定估计小长梁遗址为距今 150 万 ~300 万年。由于取样间距较大，而年代又显得太过古老，因而未获学术界普遍接受。东谷坨遗址的古地磁测定最初由中国科学院广州地球化学研究所李华梅领导的小组实施，结果为距今 100 万年。这个数据被后来美国学者独立进行的古地磁测定所支持。2001 年，中国科学院地质与地球物理研究所朱日祥领导的古地磁实验室在英国《自然》杂志上发表中美科学家合作报告，测得小长梁遗址的年代为距今 136 万年[12]。这个新成果发表后在国际上引起轰动，促使人们重新考虑旧大陆早期人类大迁徙的启动时间以及他们对新的生存环境的适应能力。此前，人们认为最早的人类走出热带非洲这个假设的人类摇篮的年代不会太早。泥河湾盆地远在万里之遥的

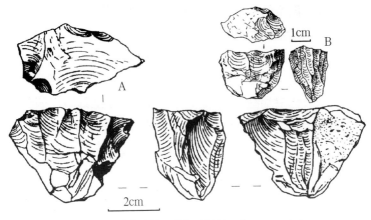

图六一 "东谷坨石核"（据侯亚梅，2000 年）

东亚北部，是地处北纬 40 度的温带，现在发现大约 140 万年前的人类活动证据。那么，大迁徙何时启动？这些到达温带的早期人类又具有什么样的生存能力呢？

泥河湾盆地的故事并未到此为止。2000 年侯亚梅通过对东谷坨遗址 20 世纪 80 年代初和 90 年代末出土石器材料的研究，提出了"东谷坨石核"的概念（图六一）。这类专门用于生产小型细长石片的石核被认为是华北旧石器时代早期文化发展阶段孕育出的特殊类型，与晚期标准楔形石核有密切关系，因而为探讨我国华北小石器文化的发展脉络及探索细石器文化的传统渊源提供了极为重要的线索[13]。

不久前，河北省文物研究所谢飞主持的马圈沟遗址发掘又有新的突破。这个遗址就在小长梁前沿的下坎，地层层位更低。谢飞等揭露出三个文化层。其中中间的文化层发现一行据说可能是大象的脚印。最下面的文化层除了丰富的石制品外，还有象、马、小食肉类和鬣狗等动物化石或遗迹（如鬣狗粪）

以及生长在湖滨的菱角等植物遗体。最令人感兴趣的是，发掘面出现一大片杂乱无章的凹坑。2002年11月上旬，黄慰文和美国人类学家鲍立克（Dr. Richard Potts）、地球物理学家朱日祥等一同考察马圈沟。鲍立克根据他在东非的工作经验，认为马圈沟下文化层那些凹坑是大象在湖边沼泽里践踏出来的脚印。由于脚印旁有零散的大象肋骨和石器，使人容易联想到发生在一百多万年前的"人象大战"和随之而来的"屠宰"场面。根据朱日祥等测定，第三文化层的古地磁年代为距今166万年[14]。另外，朱日祥告知：采集古地磁样品时，曾在遗址旁打了一个近10米深的探井，发现里面还有石制品。如此说来，马圈沟遗址的年代还有潜力，达到奥杜韦产能人化石和石器层位的年代（距今180万年左右）也并非是不可能的。

## （二）红土地质考古带

红土是地球陆地表面与黄土并列的又一巨型地质体。在旧大陆，黄土位置靠北，主要分布在欧亚大陆广大温带地区；红土位置靠南，主要分布在赤道和南北回归线之间的广大热带、亚热带地区。我国的第四纪红土分布在秦岭—淮河一线以南，包括藏东、藏南的河谷和丘陵，是这一广大地区晚新生代最重要的陆相沉积。它还向南扩展到东南亚，向西经印巴次大陆延伸到非洲，形成一个巨型的纬向地质体，其范围与北半球夏季风（西非季风、印度西南季风和东亚季风）分布区大致吻合。

与黄土一样，红土也是晚新生代全球环境变迁种种信息富集的载体，重要人类化石和旧石器遗址的聚集地。而且，这里的人类活动开始的年代可能比黄土地质带更早。如果说，要弄清早期人类在进化过程中如何不断改进技术装备和提高适应环境变化的能力，成功地把生存空间从热带、亚热带扩展到温带并最终占据地球上除南极以外的所有大陆，我们就应该把主要精力放在黄土地质考古带。但是，如果要回答人类起源的时间和地点，谁是最早的人类，他们向外扩散的启动时间和动因等问题，我们就应该把更多的注意力转向红土地质考古带。

考虑到上述情况，在刘东生提议建立"黄土地质考古带"和"黄土石器工业"概念的启发下，黄慰文在一篇由刘东生、施雅风等十多位作者参加的合作文章《以气候变化为标志的中国第四纪地层对比表》[15]里提议建立"红土地质考古带"（Latozoic – soils geoarchaeological belt）和"红土石器工业"（Latozoic – soils lithic industry）概念，作为对刘东生建议的补充。随后，黄慰文又进一步讨论了这个问题[16]。下面，简单介绍我国红土地质带的一些重要旧石器遗址和古人类化石。

### 1. 云贵高原

在周口店工作早期，研究者的目光除了盯住华北黄土高原外，还关注千里之外的红土高原——云贵高原。按当时流行的中亚高原是人类起源中心的假说，认为爪哇人和北京人兄弟俩在走出中亚高原后向东南方向继续迁移途中，可能在云南分道扬镳。然后，他们一支继续南下，最终到达爪哇；另一支折向北行，最后在周口店安家。为了寻找答案，贾兰坡和卞美年受中国地质调查所翁文灏所长派遣，于1937年春专程到云南调查。用贾兰坡的话说，这是一次"拦路打劫"行动。很可惜，贾、卞此行除了在昆明附近的富民河上洞、丘北黑青笼等洞穴堆积内发现动物化石与零星的旧石器制品外，未能"打劫"到爪哇人和北京人的先辈。

图六二　元谋人门齿

　　相隔整整 28 年之后，1965 年中国地质科学研究院地质力学研究所钱方、赵国光、浦庆余和王德山等几位地质学家在配合成（都）昆（明）铁路建设的考察活动中，于云南元谋盆地早更新世地层里发现两枚直立人门齿（图六二）和云南马等一些动物化石。古生物地层学研究表明，元谋组河湖相地层形成于上新世到早更新世，人牙化石的层位经古地磁测定为距今 170 万年。这个发现圆了贾、卞"拦路打劫"的夙愿，也激发了考古学家们在中国南方红土地质带寻找早期人类活动遗迹的热情。此后，安徽和县、湖北郧县、重庆巫山、南京汤山等一批周口店北京人时代前后的直立人化石以及旧石器文化遗址相继问世。

　　元谋盆地位于昆明市西北方的金沙江畔，是滇中高原上最低的一个断陷盆地，盆地地面海拔 1100 米左右。盆地内自上新世以来充填了上千米厚的河湖沉积。古湖于距今一百多万年前后逐渐干涸，后来盆地内出现的龙川江开始切割和重新塑造古老的河湖相地层，形成新的河谷和几级阶地，最后向北汇入金沙江。从 20 世纪 20 年代起，元谋河湖相地层和埋藏其中的动物化石、早期人类遗迹开始引起中外学者的注意。通过他们的工作，建立起中国南方早更新世代表性动物群——元谋动物群和早更新世河湖相地层标准剖面——元谋组。元谋盆地成了地质学家和古生物学家心中的"中国南方的泥河湾"。

人牙化石发现之后，中国科学院古脊椎动物与古人类研究所从 20 世纪 70 年代起多次组织考察队奔赴元谋，和云南省博物馆等机构合作进行发掘，获得一批动物化石和石制品。年代学、古环境学和地层学工作也在更广泛的范围内展开合作。应该说许多机构和众多研究者为此花费大量心血并取得了很好的成绩。然而，国内外不少学者对于元谋人化石的层位和年代测定至今仍持怀疑态度，看法存在尖锐分歧。

不久前，日本学者和云南地质、考古部门合作的古地磁测定，得出元谋人化石层位的年代实际上只有 70 万年的结论[17]。他们的看法自然引起学术界的关心。根据黄慰文在 20世纪 80~90 年代先后两次考察元谋盆地的印象，含人牙化石、石制品和动物化石的河湖相地层归属于早更新世的结论不会有多大问题。因为在这套河湖相地层被剥蚀的顶面之上，覆盖着龙川江的第四阶地，可以和广西百色盆地含旧石器的网纹红土阶地对比。根据所含玻璃陨石测定，百色网纹红土阶地上部年代为距今 80 万年，表明阶地的时代基本上属于早更新世。而元谋遗址不会晚于这个年代。现在，国内一些研究机构已经着手对元谋盆地过去的工作进行认真总结，准备在此基础上重新查清盆地的地层序列和测定元谋人化石的年代。相信今后的深入工作将会驱散笼罩在元谋人头上的迷雾。

除了元谋人化石和一些旧石器遗址，云南开远、禄丰、元谋、保山等地自 20 世纪 50 年代以来出土的中新世古猿化石是国际人类学界更加关注的热点。相关研究在近年也取得了不少成绩。然而，如何充分调动中央和地方以及各系统研究机构的积极性，加强协作，并在此基础上组织好国际合作，把元谋盆地研究工作做好，仍然是摆在中国古人类学、考古学和第四纪地质学界面前的一项艰巨任务。

与云南相邻的贵州以洞穴多、人类活动遗迹保存好而著称。从20世纪60年代起，这里的旧石器考古有了长足进步和发展。观音洞、穿洞、猫猫洞、白岩脚洞和马鞍山等一大批洞穴遗址相继发现，不仅填补了我国西南地区旧石器考古的空白，也生动地展现了这个地区旧石器文化丰富多彩的面貌。上述发现中，观音洞遗址的发现与研究从一开始即受到中国旧石器考古学奠基人裴文中的指导和关怀，后来由李炎贤、文本亨发表正式研究报告[18]。

观音洞遗址分上下两个文化层，一共出土了三千多件以燧石、硅质灰岩为主要原料的石制品。李炎贤等主要根据共生的动物化石，将观音洞的两层文化都归入旧石器时代早期。但是，铀系法对洞内钟乳石层的测定表明，下层文化为距今24万～5万年，上层文化晚于距今4万年，与原来估计相差很大。关于石器工业的技术和类型学特征，他们认为观音洞石器与周口店北京人石器"在好多方面是相同或近似的，但也有明显的区别"，"总之，北京人文化和观音洞文化都是我国旧石器早期有代表性的重要文化。它们之间的异同，反映了我国旧石器时代早期不同地区的文化就存在着多样化的发展的趋势"[19]。

位于贵州高原西南部的盘县大洞，洞厅面积近1万平方米，是迄今为止在我国发现的旧石器洞穴遗址中规模最大的一个。在国家文物局和省、市、县政府的大力支持下，该遗址的发掘与研究工作由黄慰文带领的中国科学院古脊椎动物与古人类研究所、贵州六盘水市和盘县文物管理部门组成的野外队负责，并且从1995年起实施中美合作计划。自1992年以来，先后组织来自北京、贵阳、南宁、广州、美国、加拿大和希腊的研究人员，共同对这个遗址进行发掘和开展考古学、人类学、古生物学、埋藏学、年代学和地质学等学科的综合性研究，取得了阶段性成果。2001年3月14~17日，他们在风光秀丽的夏威夷举行了一次小型国际学术会议，对盘县大洞的阶段性研究工作以及东亚中更新世旧石器考古进行了一次总结和讨论，文章刊登于美国《亚洲观察》（*Asian Perspectives*）杂志，2004年第43卷第2期。

迄今为止，从已发掘的大约4米深、面积约100平方米的上部地层和近洞口处被后期扰乱的堆积里，发现3000多件石制品、5颗单个人牙、大批动物化石和用火遗迹。以犀牛、象、巨貘、大熊猫、水鹿、水牛、熊、狼、狐、鬣狗等动物组成的动物群显示出从中更新世向晚更新世过渡的特点。大洞的人牙所表现的特征基本上属于早期智人，但保留一些直立人的性质。大洞石器工业主要以石灰岩、玄武岩和燧石为原料，三者大约各占1/3。从技术、类型学角度而言，大洞工业既有用石灰岩打制的重型工具（主要是砍砸器），也有用燧石和玄武岩制作的轻型工具。后者有边刮器、钻具、凹缺器、锯齿刃器、端刮器、尖状器和小型手斧等类型。这个工业最惹人注意之处有两点：一是打片普遍采用修理台面技术；二是出现一些和欧洲勒瓦娄哇技术相似的制品（图六三）。这在中国南方的旧石器文化中还未听说过。上述特征表明大洞石器处于旧石器初期的最后阶段以及旧大陆东西文化交流的环节之中[20]。

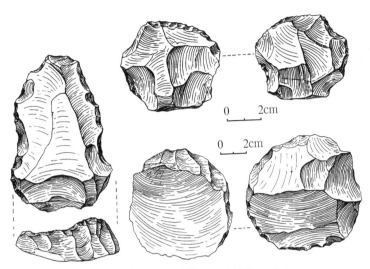

图六三　盘县大洞的勒瓦娄哇风格石制品

用铀系法和电子自旋共振法测定，得出大洞含人类化石、文化
遗物和动物化石的上部角砾岩层的年代：顶面为距今 15.6 万
年左右，下部为距今 29.4 万年[21]。这个结果与哺乳动物群、
人类化石和石器工业的研究结论相吻合。而上述各个方面的研
究又显示盘县大洞在研究东亚南部现代人起源、东西方文化交
流、早期人类对山区环境的适应等问题上具有巨大潜力。

### 2. 百色盆地

　　百色盆地位于广西西部，背靠云贵高原，面向东南沿海，
是亚洲众多的新生代断陷盆地之一，面积约 800 平方公里。七
十多年前，邓小平等共产党人在那里发动和领导了著名的百色
起义，使这个中国西部山区盆地在中国近代革命历史上占有了
一席之地。1973 年中国科学院古脊椎动物与古人类研究所、
广西博物馆和广西石油地质部门在盆地里考察老第三纪地层

时，在盆地西端发现一处旧石器遗址，1975 年发表初步报告。此后十多年间，经过地方考古部门的努力，遗址增至数十处，分布遍及盆地的各个部分，采集标本也由最初的十多件增至数千件。工具有手镐、手斧、薄刃斧、砍砸器等类型，手镐在其中占优势。手斧在工具总数上大约占 6% ~ 10%（图六四），绝对数量达数百件，是中国含手斧工业中手斧数量最多的一个。但是，这些石器几乎全部来自地面，缺乏层位依据；加上遗址分布在酸性很强而不利于保存化石的红土地带，无法为判断遗址时代提供生物地层学依据。需要特别指出的是，由于人们在较长时间里把百色工作看作一项单纯的考古项目，不重视发掘它在全球环境变迁等方面研究的潜力，结果不仅压抑了它在整个地球科学研究中可能发挥的作用，而且考古工作本身也陷入了困境。

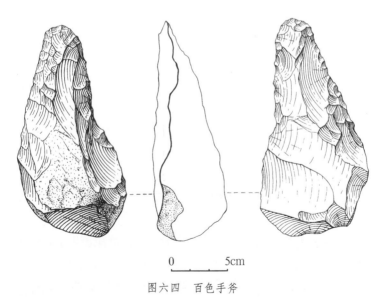

0      5cm

图六四　百色手斧

从 1986 年起，在黄慰文主持下重组百色研究。首先，调整思路，把百色工作纳入全球环境变化与早期人类迁徙研究的大视野之中，把人类进化看作地球演化的重要组成部分，把人类文化上的进步视为人类面对不断变化的环境所作出的反应。其次，在组织上逐步建立起跨越人文和自然科学两大领域的多学科综合研究和国际合作的开放机制。20 年来，来自中、美、日、韩、法、德、印度、西班牙、以色列和南非等国的多个研究、教学机构和博物馆的人员先后加入工作或前来考察，彼此建立了良好的合作关系。他们通过考古发掘弄清了石器的埋藏层位，用同位素测定方法测定与石器共生的玻璃陨石，基础的地质工作也有了可喜的进展。

百色工作逐渐引起外界的注意。1991 年国际第四纪研究联合会第 13 届大会在北京召开期间，时任中国第四纪研究委员会主任、随后当选第 14 届国际大会主席的刘东生院士在得知百色的工作情况后，建议《第四纪研究》杂志向黄慰文约稿。1998 年 3 月 29 日，黄慰文在西雅图召开的美洲考古学会第 63 届年会上介绍百色石器研究进展和中国原子能科学研究院郭士伦等用裂变径迹法测定与石器共存的玻璃陨石，获得遗址年代为距今 73.3 万年的结果。这个年代比人们最初估计早了整整 70 万年。美国《科学》周刊闻讯后当即在该月出版的第 279 卷最新一期上报道百色研究的最新动态。特别要指出的是，百色工作一直得到国家文物局、广西各级政府有关部门的关心和支持，从 1998 年起百色课题列入国家自然科学基金项目。有了国家强有力的支持和国际合作的良好环境，百色工作迎来了崭新的局面。

2000 年 3 月，美国《科学》周刊在第 287 卷第 5458 期发表中美考察百色盆地的阶段性研究报告，并且以百色手斧彩色照片作为封面照片并附有评论文章。该报告从旧大陆早期人类及其文化进化总格局的角度论述百色旧石器的重要意义，首次公布美国伯克利地质年代中心用氩/氩法测定百色玻璃陨石获得的距今 80.3 万年的结果[22]。上述信息立即引起国际学术界的热烈反响，宣传媒体也竞相报道，一时间在西方掀起了一场不大不小的"百色旋风"。7 月，《科学》周刊第 289 卷 5479 期在刊登三篇质疑文章的同时发表了中美考察组的答辩文章[23]。9 月，《科学》周刊派撰稿人来华，与新华社撰稿人一起到古脊椎动物与古人类研究所对百色工作做了半天专访。特别值得一提的是，百色工作还入选科技部公布的 2000 年中国基础科学研究 10 项重大成果之一。

百色工作，一个原本很普通的中国考古项目为什么会受到国际、国内学术界和舆论界如此广泛的重视呢？

第一，百色研究触及国际古人类学、旧石器考古学以至第四纪研究的争论焦点。

20 世纪 40 年代初，美国哈佛大学考古学家莫维士（Hallam Movius）提出"两个文化圈"或"两种文化"理论，认为旧大陆（亚、非、欧）在过去二百多万年的旧石器时代的绝大部分时间里，存在两种文化或两个互相独立的文化圈。一个由非洲、欧洲、西亚和印度半岛组成，那里的直立人掌握了比较先进的阿修尔或所谓"模式 II"技术，能够制作手斧等工艺复杂的石器；另一个由东亚、东南亚和印巴次大陆北部组成，那里的直立人（如"北京人"和"爪哇人"）缺乏先进技术，只会用简单的"模式 I"技术制作砍砸器等简陋工具。莫维士就这样用一条无形的、后来被称为"莫氏线"（Movius

line）的技术鸿沟将西方"灵巧的直立人"和他们"智力低下"的亚洲兄弟分开。他又从东西方第四纪环境"差异"来为自己的理论寻找根据，说亚洲在过去二百多万年中气候相对稳定，南部到处被森林覆盖，缺少变化的环境，不能给东亚的早期人类发展带来刺激，使他们渐渐养成安于现状、不思进取的习惯。西方则不同。欧洲在第四纪期间发生大规模冰期、间冰期的反复交替，非洲也出现干旱到湿润和温暖到凉爽的频繁气候转换，使热带雨林大面积缩小而稀树草原日益扩大。结果，在强大的环境变化压力下，以地中海为中心的西方在文化上朝气蓬勃、蒸蒸日上，成为人类发展的主流；而东方则保守落后、死水一潭，离主流越来越远，成了世界文化发展的"回水区"或"边缘区"。

带有偏见的"莫氏线"理论不仅伤害了亚洲人的感情，其实在学术上也站不住脚，因而从一开始就受到一些学者批评。但是，在很长时间里，由于亚洲考古材料不充分、断代不过硬等原因而始终未能从根本上动摇莫维士学说在学术界的权威地位。现在，百色不仅发现了制作精美的手斧，又有过硬的年代。而且，近二三十年来中国第四纪研究在黄土、青藏高原和西太平洋边缘海等领域的重大进展，已经证实亚洲绝对不是全球环境变迁的"净土"或"诺亚方舟"。这里的整个第四纪期间也经历过频繁、剧烈的气候波动。而且，由于某些地区因素（如青藏高原的强烈隆起和西太平洋的"暖池"效应等），这里的气候波动幅度往往大于纬度相同的其他地区。地处亚洲南部、被莫维士划归"手斧文化圈"的印度半岛其实也是一个"红土半岛"。它的第四纪地质发育过程和它今天的生态环境与东亚南部和东南亚不存在太大的差别。因此，百色研究无疑构成对"莫氏线"的强有力挑战。

第二，百色出土的原生玻璃陨石大有文章可做。

百色玻璃陨石属"亚—澳陨石散布区"，是距今 6500 万年来新生代期间发生的 6 次大规模彗星撞击地球事件中最近一次的物证。这次撞击产生的陨石散布在占 1/10 的地球陆地上。我国海南岛、雷州半岛、北部湾和百色等地都有发现，而肉眼看不到的微陨石在长江中下游的庐山和秦岭北坡的蓝田盆地也有报道。海洋也不例外。例如，我国海洋学家们在南沙海区深海钻孔岩芯中就发现大量陨石微粒，年代在距今 80 万年左右。由于过去几次陨石事件都曾对地球环境产生过重大影响（例如，有人认为恐龙绝灭可能与 6500 万年前那一次碰撞事件有关，也有人把地球磁场倒转和碰撞事件联系起来，等等），人们自然也希望知道最近的这次碰撞事件对人类进化有何影响。百色手斧的制作者们目睹了这次恐怖而壮丽的天体物理事件，他们自然对这个问题有"发言权"。我们应该通过对遗址的综合研究弄清他们的"切身感受"。

考察报告在《科学》上发表后，世界各地天体物理学家们反应强烈。编辑部收到多篇质疑文章，说世界各地发现这期陨石的考古地点不少，但没有听说哪一处是原生层位的。这些质疑没有让百色考察组为难，因为他们从 1986 年春介入百色盆地考察开始就十分注意陨石的埋藏状况。多年来他们已获得大量证据证明百色陨石是原生的。在 2002 年冬季的发掘中，他们在盆地西端的杨屋遗址揭露出一个陨石散落面。这个面积大约 40 平方米、几近水平的发掘面上竟汇集了将近 40 件大小陨石及碎片。它们棱角分明，气孔完好，保持着散落时的原始状态。和这些陨石一起，发现了一件打制精美的手镐。经过测量，这个水平层位于阶地面之下约 3.4～3.5 米处。外国同行的质疑反而令考察组感到格外兴奋，使他们对百色遗址的"身价"和今后的研究意义增加了新的认识。

第三，红土地质带的工作大有可为。

与主要分布在温带的黄土地质带一样，分布在热带、亚热带的红土地质带是旧大陆另一条纬向巨型地质体。它不仅记录了二百多万年来全球环境变化的种种信息，也汇集了迄今已知最古老的人类化石和文化遗物。如果将全球环境变化与人类进化研究紧密结合起来，对一些相关学科进行有机的整合，就有望形成新的学科生长点并在理论上有所建树。百色盆地有发育和出露良好的剖面，有丰富的旧石器和共生的玻璃陨石，盆地边缘石灰岩区已发现自上新世以来各个时期含丰富动物化石、人类化石和文化遗物的洞穴堆积，其中包括么会洞距今 180～200 万年的人类牙齿和共生的巨猿等人科化石[24]，使百色盆地具备了成为世界红土地质带难得的研究基地之一的潜力。

### 3. 长江地堑

（1）梁山龙岗寺遗址

1951 年西北大学地质学家郁士元在陕西南部的梁山发现旧石器，这是中国南方最早发现的卵石工具遗址。遗憾的是，这个发现在当时并未引起考古学界的足够重视。30 年后陕西矿业学院地质学家阎家祺重新发现这处重要遗址，并在随后做了大量工作。进入 20 世纪 80 年代以来，长江中下游的澧水和沅水（湖南）、汉水中下游（湖北、河南）、潦河（江西）、水阳江（安徽）和浙江西苕溪等支流河谷相继发现大批卵石工具遗址，大大地扩展了卵石工具在中国的分布范围。近年，为配合长江三峡大坝建设而在水库区内开展的调查，也发现大批此类石器文化。下面，简要介绍其中几项发现。

梁山龙岗寺遗址（33°3′N，106°58′E）位于汉水上游的汉中盆地南缘梁山（海拔 1021.4 米）向东延伸的丘陵之上，近旁为龙岗寺旧址，属陕西省南郑县。盆地底面海拔高度为510～530 米，龙岗寺则位于高出汉水河面 40～50 米的第三阶地上。阶地堆积由 10～20 米厚的底砾层和褐色砂质黏土组成。阶地基座为前震旦系花岗岩和结晶杂岩。石制品产自褐色砂质黏土层的底部。阶地堆积之上，不整合地覆盖着 1～2 米的含钙结核的深褐色黏土，是一种风成堆积，相当于长江中下游的"下蜀黄土"，时代为中更新世晚期。"下蜀黄土"之上，为约1 米厚由黑褐色黏土、灰褐色细砂和砂质黏土组成的全新世地层，其中发现新石器遗址。

梁山遗址含卵石工具的地层从岩性特征上基本与南方的网纹红土一致。但可能因地理位置靠北，海拔又比较高，因而发育程度不及长江中下游河谷。它的物质比较纯净，具孔隙，有由铁锰淋滤而成的黑褐色斑点。梁山龙岗寺遗址未曾出土动物化石。经黄慰文等 2005 年春野外考察重新核定，这级阶地为网纹红土阶地，因而它的时代和广西百色遗址相当，即属于中更新世的初期或早更新世晚期，距今 80 万年左右。

多年来研究者们从梁山遗址及盆地内其他同期遗址采集的石制品数以千计。它们以当地河流砾石层的石英、火山岩、石英岩、砂岩和石灰岩粗砾为原料，其中，石英岩粗砾最多。工具类型丰富，有砍斫器、球状器、手斧、手镐、薄刃斧、刮削器等（图六五）。它们大多数用粗砾直接打制，也有一部分用大石片打制。工具的最大径在 10 厘米左右或更大，属重型工具。归入轻型工具的只占一小部分。工具加工用硬锤技术[25]。

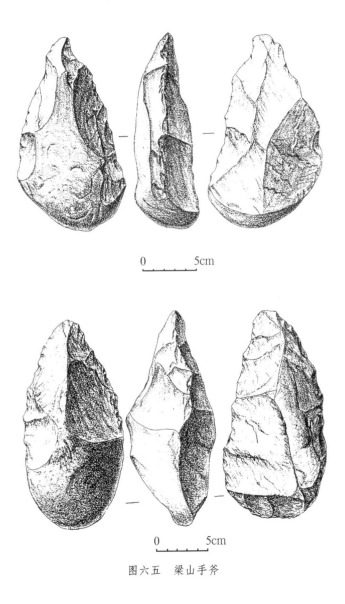

0      5cm

0      5cm

图六五 梁山手斧

砍斫器和球状器在工具类群中占了突出地位。与一般中国其他卵石工具工业的砍斫器以单面打击为主不同，在梁山两面砍斫器的比例相当高。球状器多用石英砾石打制，有正球体和多面体两种。制品中也存在手斧、手镐和薄刃斧，不过数量比较少。刮削器多为石片加工的轻型工具。由于所用原料不好，加工的精细程度不高。

（2）巫山遗址

该遗址是位于长江三峡地区的一处洞穴遗址（30°21′N，109°4′E），行政区域上原来属于四川省，后划归新组建的重庆市。自 1985 年以来的多次发掘，从褐色、深褐色黏土夹少量角砾、砾石和碳酸钙沉积的堆积层里获得种类繁多的哺乳动物化石和少量龟鳖类、鸟类化石以及几十件石制品和包括一件下颌碎片（带第 4 前臼齿和第 1 臼齿）及一枚右上侧门齿的人类化石，是近十多年来东亚早期人类研究上一个重大突破（图六六）。

巫山哺乳动物群由 92 种动物组成，是一个含有不少北方动物的大熊猫—剑齿象动物群。其中，早更新世特有种属有步氏巨猿、小种大熊猫、桑氏粗壮斑鬣狗、更新世猎豹、似巴氏剑齿虎、扬子江中国乳齿象、云南马、爪兽和山原貘等，充分显示出它的古老性质。

人类化石最初鉴定为直立人—新亚种"巫山直立人"（*Homo erectus wushanensis*），遗址年代则根据共生的哺乳动物群的性质和古地磁测定，估计为距今 200 万年左右。后经中美等国科学家合作研究，认为人类化石形态不同于东亚其他已知的直立人，而接近于非洲的能人（*Homo habilis*）或匠人（*Homo ergaster*）；同时，采用电子自旋共振法（ESR）在上部地层

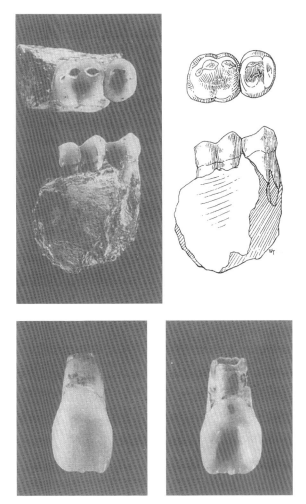

图六六 巫山直立人化石

获得距今 100 万年的数据，也支持原先对含人化石和石器的下部地层时代的判断[26]。

关于龙骨坡石器工业，最初李炎贤曾描述过两件安山岩砾石制品。后来随着一批以变质灰岩粗砾为主要原料、兼有火成岩、石英岩、安山岩等粗砾为原料的制品出土，龙骨坡石器工业得到进一步确认。人们对这个工业的特征也有了更多的了解。侯亚梅等在关于 1997 和 1998 年出土石制品的初步报告里，描述了手镐、薄刃斧、手锛和砍斫器等工具（图六七）。令人感兴趣的是，有些薄刃斧是用"孔贝哇（kombewa）"石片加工的。这种以特殊技术产生的石片最初见于肯尼亚，是非洲阿修尔文化的标志之一[27]，在中国北方的丁村石器亦有出现。目前，一些考古学家对龙骨坡石器的人工性质仍持怀疑态度。不过，无论从石制品本身的打制痕迹，还是从遗址的埋藏状况来说，这些疑虑看来是多余的。

（3）繁昌人字洞遗址

安徽繁昌位于长江下游南岸。境内多石灰岩丘陵，其中的洞穴、裂隙堆积含有丰富的哺乳动物化石。1984 年，孙村水泥

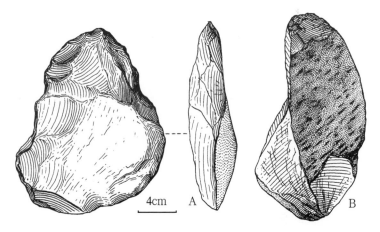

图六七　巫山石器

厂工人在一处名叫癞痢山的采石场作业时发现一些化石。消息上报后引起了有关部门和科学家的注意，随后组织了多次调查和试掘。其中，在1998年5月的试掘中，由中国科学院古脊椎动物与古人类研究所和安徽省博物馆、繁昌县博物馆组成的考察队从一处后来被命名为人字洞遗址的堆积中，不仅发现了十分丰富的动物化石，而且采集到几件疑似人工打击的石片。其中一件石英石片有一个完整的腹面和一个由三个同向片疤组成的背面，本书作者观察后认为它们是清楚的人工打击特征，很难用自然因素来解释。同年9月和1999年，他们又先后进行了三次发掘，发现更多的动物化石和人工制品。

人字洞遗址的脊椎动物化石有75种。其中上新世的种类约占总数的26%，如科氏仓鼠、锯齿似剑齿虎、巨额剑齿虎、中间乳齿象、爪蹄兽等。哺乳类中的绝灭种多达51种，约占总数的76.1%。这个比例高于我国已知的所有早更新世动物群[28]。换句话说，人字洞是迄今为止在我国乃至东亚发现的年代最古老的人类遗址，估计其年代在距今240万年左右。

2000年《人类学学报》第19卷第3期发表张森水等题为《繁昌人字洞旧石器遗址1998年发现的人工制品》的报告，记述了出土的数百件石制品中的59件。这些石制品的原料除了少数使用硅质灰岩、石英砂岩、片麻岩、燧石、石英和玛瑙等矿物或岩石以外，主要使用一种在国内其他遗址罕见的含铁的、颗粒细致的岩石。在离癞痢山不远的一处比较高的山头上很容易采到这种矿石。原来，那里自上世纪20年代起，就成了著名的安徽马鞍山钢铁厂的一处矿山。今天，矿山与癞痢山之间有一条山沟相隔。不过，这条在晚近地质时期才形成的山沟当时可能尚未形成。因此，坡面流水可以将矿石碎块从高处

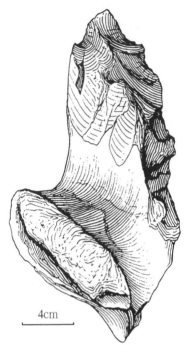

4cm

图六八　繁昌骨制手镐

搬运到遗址附近来。况且，即使早期人类专门到矿石产地走一趟，路程亦不算太远。报告将这批制品分类为石核、石片、断片和工具。后者只识别出刮削器、存疑的雕刻器和一件性质未定的石器。打片和加工都使用简单的锤击技术，总的说来相当粗糙。

　　报告还描述了两件骨制品。其中一件用犀牛下颌骨打制的、可称之为"手镐"（pick）的工具给人们留下非常深刻的印象（图六八）。它的下颌一侧用和长轴斜交的角度至少打下7个骨片，使近端形成一个可供使用的强有力的尖端。像这样有规律的打制痕迹，无法用食肉类动物（如虎、豹或鬣狗）咬啃来解释。

关于人字洞的石制品的鉴定，有一个现象值得重视，这就是许多铁矿石标本和部分泥岩（可能相当于报告里的"硅质灰岩"）标本的非人工破碎问题。由于这类矿物或岩石的颗粒非常细腻而均质性甚好，冬夏或昼夜温差等物理因素容易引起破裂并产生很好的介壳状断口，常常不易和人工打击痕迹区分开来。当然，细心观察，不难发现它们的表面往往分布一些小洼坑。甚至这类"石器"的表面就是由几个较大的洼坑面构成的。这种破裂面和人工打击产生的石片疤不同。它们既没有台面，也没有打击点。因此，对待人字洞的石制品应该十分小心。

目前，学术界对人字洞遗址出土的人工制品认识存在尖锐分歧。怀疑、否定者国内有，国外也有。因此，该遗址还需要做更多深入细致的工作，尤其需要发挥多学科综合研究的优势。

## 注　释

［1］刘东生《黄土石器工业》，载徐钦琦等编《庆贺贾兰坡院士90华诞国际学术讨论会文集——史前考古学新进展》，科学出版社1999年版。

［2］Madsen *et al.*. 2001. Dating Shuidonggou and the Upper Paleolithic blade industry in North China. *Antiquity*, 75：706～716.

［3］Boule *et al.* 1928. Le Paleolithique de la Chine. *Archives de L'nstitut de Paleontologie Humaine*, Memoire 4.

［4］宁夏文物考古研究所编《水洞沟——1980年发掘报告》，科学出版社2003年版。

［5］董光荣、苏志珠、靳学龄《晚更新世萨拉乌苏组时代的新认识》，《科学通报》1998年第43卷第17期。

［6］ 以上分层根据董光荣、李保生《试论内蒙古萨拉乌苏河沿岸马兰黄土与萨拉乌苏地层关系及其环境演化》，载《青海柴达木盆地晚新生代地质环境演化》，科学出版社 1986 年版。

［7］ Shen G. , Wang W. , Wang Q. *et al.* 2002. U – Series dating of Liujiang hominid site in Guangxi, Southern China. *Journal of Human Evalution*, 43： 817 ~ 829.

［8］ Zhu *et al.* 2002. Magnetostratigraphic dating of early humans in China. *Earth – Science Review*, 1275.

［9］ 戴尔俭《陕西蓝田公王岭及其附近的旧石器》，《古脊椎动物与古人类》1966 年第 10 卷第 1 期。

［10］ *Encyclopedia of Human Evolution and Prehistory*, eds by Ian Tattersall *et al.* , 1988. Garland Publishing, New York & London.

［11］ R. Lovlie *et al.* 2000. A revised paleomagnetc age of the Nihewan Group at the Xujiayao Palaeolithic Site, China. *Quaternary Science Reviews*, 20： 1341 ~ 1353.

［12］ R. X. Zhu *et al.* 2001. Earliest presence of humans in northeast Asia. *Nature*, 413： 413 ~ 417.

［13］ 侯亚梅《泥河湾盆地东谷坨石器工业研究》，中国科学院古脊椎动物与古人类研究所博士学位论文，2000 年。

［14］ R. X. Zhu *et al.* 2004. New evidence on the earliest human presence at high northern latitudes in northeast Asia. *Nature*, 431： 559 ~ 562.

［15］ 刘东生等《以气候变化为标志的中国第四纪地层对比表》，《第四纪研究》，2000 年第 20 卷第 2 期。

［16］ 黄慰文《红土地质考古带和早期人类进化》，《第四纪研究》2000 年第 20 卷第 5 期。

［17］ Masayuki Hyodo *et al.* 2002. Paleomagnetic dates of homind remains from Yunmou, China, and other Asian. *Journal of Human Evolution*, 43： 27 ~ 41.

［18］ 李炎贤、文本享《观音洞——贵州黔西旧石器时代初期文化遗址》，文物出版社 1986 年版。

［19］ 李炎贤《中国南方旧石器时代早期文化》，载吴汝康等主编《中国远古人类》，科学出版社 1989 年版。

［20］ 黄慰文、侯亚梅、斯信强《盘县大洞的石器工业》，《人类学学报》1997 年第 16 卷第 3 期。

［21］ H. L. Jones *et al.* 2004. Coupled electron spin resonance（ESR）/ uranium – series dating of mammalian tooth enamel at Panxian Dadong, Guizhou Province,

China. *Journal of Archaeological Science*, (31): 956~977.

[22] Hou Yamei *et al.* 2002. Mid‐Pleistocene Acheulean‐like stone technology of the Bose basin, South China. Science, 287 (5458): 1545~1700.

[23] B. P. Glass *et al.* 2002. Tektites and age paradox in Mid‐Pleistocene China. Science. 289.

[24] 王颁、Richard Potts、侯亚梅等《广西布兵盆地幺会洞新发现的早更新世人类化石》,《科学通报》2005 年第 50 卷第 17 期。

[25] 黄慰文、祁国琴《梁山旧石器遗址的初步观察》,《人类学学报》1987 年第 6 卷第 3 期。

[26] Huang, W. P. *et al.* 1995. Early *Homo* and associated artifacts from Asia. *Nature*, 378: 275~278.

[27] 侯亚梅、徐自强、黄万波《龙骨坡遗址 1997 年新发现的石制品》,《龙骨坡史前文化志》1999 年第 1 卷第 1 期;侯亚梅、徐自强、黄万坡《龙骨坡遗址 1998 年第 8 水平层若干石制品新研究》,《龙骨坡史前文化志》2002 年第 4 卷第 4 期。

[28] 金昌柱等《安徽繁昌早更新世人字洞古人类活动遗址及其哺乳动物群》,《人类学学报》2000 年第 19 卷第 3 期。

# 七 重上龙骨山

　　周口店遗址的发掘与研究几乎贯穿整个 20 世纪。当我们回过头来看这项工作的时候，自然会遇到这样的问题：它是不是可以画上句号了？周口店研究还有"戏"吗？

　　本书第四章里所介绍的有关北京人研究的几大热点的讨论表明：尽管已过去了几十年，但周口店研究并未退出国内外学术界关注的中心。在本书交稿之后，我收到美国人类学家石汉（Russell L. Ciochon）送来的一部他和博阿兹（Noel T. Boaz）合作的科普新著，书名就叫《龙骨山传奇》[1]。书里介绍了 1993 年以来他们与中国同行开展的对北京直立人的多学科研究成果。据说该书在西方学术界颇受关注，销路不错。同时，一部以步达生与周口店研究为中心内容的步达生新传正在出版之中。它是加拿大人类学家朱莱·柯玛克（Julie Cormack）花费多年心血之作。可见，从国际上说，周口店研究决非"隔年黄历"，而是"行情看涨"的热门。

　　为什么会出现这种现象呢？我想不外乎有两方面原因。一是周口店还有"戏"。周口店第 1 地点是世界上材料最全面、最丰富和最系统的直立人遗址，有关早期人类进化的一些关键性问题仍有待于通过对它的深入研究以寻找答案。例如：直立人是否已具备猎获大兽的能力？直立人是否已经会用火？直立人时代是否存在东西方文化交流？我们应建立什么样的旧大陆早期人类演化和文化发展框架？如此等等。二是周口店有

"本钱"继续演好这出"戏"。正如本书第三章所说，周口店是一个潜力巨大的直立人遗址。虽然经过几十年发掘，以及许多标本和档案资料在战乱中遭受严重损失，但仍大有潜力可挖。

周口店遗址过去几十年的工作成绩卓著，中外科学家、工人和其他有关人员为此作出巨大奉献。它是中国同时代众多科研项目中的佼佼者。它使周口店从一个名不见经传的山区小镇在短期内成为遐迩闻名的世界古人类学研究中心。已故中国科学院院长、时任国务院副总理的方毅在1984年举行的北京人第一个完整头盖骨发现55周年纪念会上说得好："北京人化石的发现是中国人在国际科学界摘取的第一块金牌。"

当然，我们对过去的工作也应采取一分为二的态度，看到其中的不足，以便明确下一步的努力方向。周口店工作在某种意义上说是一个"生逢乱世"的项目。从开头几年军阀混战的干扰，到第二次世界大战期间日本帝国主义侵华战争的浩劫，再到文化大革命十年动乱的破坏，无不给周口店工作造成严重的影响和创伤。研究工作显著滞后就是一个比较突出的问题。不仅前面提到的考古学研究不足，动物化石研究也有同样问题。新中国成立以来的五十多年里确实做过一些发掘与研究。然而，除了1979～1981年那次多学科综合研究之外，我们再没有组织过另外一次上规模的研究活动。20世纪80年代以来，面对新考古学派发起的轮番挑战，我们基本上处于一种"无招架之力"的被动局面。当然，我们可以找到很多为此开脱的理由。不过，这种"外热内冷"的"不作为"现象毕竟值得我们深思。

那么，下一步应该抓什么呢？是抓发掘还是抓研究？一些同行主张按当前国际上流行的研究理念与方法，如关注人的行为和开展埋藏学分析等进行新一轮发掘，以求周口店工作上的突破。不过，许多同行、尤其是老科学家对此不敢苟同，认为对是否启动新一轮发掘应持特别慎重的态度。裴文中和贾兰坡两位"老周口店"晚年曾一再呼吁设法加强北京人遗址的保护而不是搞新的发掘。

我想后一种意见是符合实际的。为什么呢？北京人遗址含化石的堆积物在过去几十年中已挖去大约四万多立方米，占估计的堆积物总量 2/3 强。这部分堆积位于洞穴中央和东面的"鸽子堂"，是当年北京人在洞内的主要活动场所。未挖部分主要位于洞穴西部，即今天被压在山顶洞遗址下面和向山神庙方向延伸的末端堆积，估计不到全洞堆积的 1/3。这个部分位于昔日洞穴的深处，北京人活动稀少。而且如果开挖西部，则必须首先除掉山顶洞遗址。此外，北京人遗址堆积层以胶结得异常坚硬的巨厚角砾层为主，开展薄层（如 5~10 厘米为一水平层）的精细揭露不切合实际。记得已故著名考古学家张光直 1975 年随美国早期人类考察团访问周口店时，向我们推荐过关注人类行为和埋藏学研究等西方考古学新理念、新方法。后来在开展周口店多学科综合考察时，曾于 1978~1979年组织了对"东坡"的发掘，挖去东西长 20、南北宽 16、深7 米，面积 320 平方米的堆积[2]。这次规模不小的发掘仅获得少量石制品和一些动物化石，原拟开展的"人的行为"观察和埋藏学等研究目标并未能实现。

其实，从北京人遗址保存的现状出发，在不进行新发掘的情况下，依靠过去的发掘记录对现有标本（动物化石、石制品和其他遗物）的详细观察也可以开展埋藏学研究和分析。

当然，经过论证，在严格控制规模的前提下，也可以在现存的剖面上进行样品采集以满足新研究的需要。总之，对待周口店这样极其珍贵的"世界遗产"，应从全人类利益的大局出发切实做好保护工作，十分慎重地对待一切新的计划。那么，下一步要具体做哪些研究呢？我认为选定研究要点并不难，因为近年来国际学术界关于北京人问题的争论已经为我们开列了一连串可供参考的题目。只要从实际出发，按"有所为和有所不为"的原则对题目加以筛选就可以办到。

恐怕真正困难的是转变观念的问题，或者说是要解决好研究工作的指导思想和方法问题。借这个机会简要地回顾中国旧石器考古研究的指导思想也许是有益的。1926 年 10 月，步达生在为安特生准备的一份发言稿里谈及周口店发现最初的两颗北京人牙齿化石的意义时指出："现在已经比较清楚，第三纪末或第四纪初的时候，在亚洲东部确实存在过人类或与人类关系十分密切的类人猿。这一点在史前人类学领域是至关重要的。因为差不多在这个时候，也有猿人生活在爪哇，曙人生活在英国皮尔唐，海德堡人生活在德国摩尔。这些种类实际上是同时代的。它们从中亚高原各自向东、向东南和向西迁移了同样远，并到达它们后来居住的地区。"（步达生的讲话后来分别发表在 1926 年《中国地质学会志》第 5 卷第 3～4 期和同年底的英国《自然》杂志上）时隔两年，法国学者布勒在 1928 年他和步日耶、桑志华、德日进合著的以总结 1923 年鄂尔多斯考察成果为主要内容的《中国旧石器时代》一书的前言里强调：亚洲可能充当过人类进化的巨大舞台，是最古老的人类工业的巨大的扩散中心；要想弄清诸如人类起源这样的复杂问题，离开亚洲几乎是不可想象的[3]。两位学者在这里向我们展示的是同样的指导思想，一个大视野、全球观的指导思想。

　　与这种指导思想相对立的是美国考古学家莫维士在20世纪40年代提出的"两个文化圈"或"两种文化"的理论。这种后来被称为"莫氏线"的理论认为：旧大陆在过去漫长的二百多万年里被分割为两个互相孤立的地区。一个在西，一个在东。西面的由非洲、欧洲、西亚和印度半岛组成，称"手斧文化圈"。东面的由东亚、东南亚和印度次大陆北部组成，称"砍砸器文化圈"。两者互相隔离，独立发展。只是到了大约距今三万多年的旧石器时代晚期，随着西方先进的石叶技术传入，这种互相隔绝的状态才被打破。可以说，两种指导思想的对立贯穿了整个周口店研究史，其影响一直延续到今天。

　　"它山之石可以攻玉"。两种指导思想孰是孰非的争论可以先搁置一边，不妨读一下著名地质学家刘东生为《第四纪研究》杂志1999年第4期所写的"后记"。刘先生在这篇短文里总结过去一个多世纪研究黄土的学术思想时指出："研究黄土的学术思想可以归为两种类型。一类姑且名之为'本土观'的研究方法。它从中国黄土的本土特征出发得出一系列的认识和观点。它以演绎法研究把区域性的结论推向全球，如黄土的风成说。一类属于'比较观'。它从全球共有的特征入手进行比较研究，进而找出中国黄土的规律。它以归纳法用全球的证据论述区域特色，如黄土的古气候。""80年代以前，我国黄土研究多倾向于'本土观'。除黄土风成说外，没有形成自己完整的、系统的理论。80年代以后，从黄土磁性地层学的角度把中国黄土的古气候规律与深海沉积所反映的古气候规律二者进行比较研究。中国黄土研究开始进入地质学中具有普遍性问题研究的范畴。"

我认为，刘先生上述分析和结论值得今后的周口店研究借鉴。我在第四章说过："考虑到莫氏线理论的形成与周口店早期研究有密切的关系，深入、全面、客观研究和评价周口店石器工业，对中国旧石器考古学家而言既是一项义不容辞的责任，也是将国内研究推向国际学术前沿的大好机会。"

除了指导思想，还有两点也十分重要。首先，要努力学习唯物辩证法，自觉地、主动地用到自己的研究工作之中去。哲学是统领自然科学和社会科学的学问。旧石器时代考古学和古人类学自然也不例外。从本书第四章所介绍的有关北京人研究的一些热点争论情况可以清楚地看出，许多问题的分歧其实是思想方法问题。例如，分析与综合、微观与宏观、部分与全局、演绎与归纳，等等，都是矛盾论所阐述的既互相对立、又互相联系的两个不可分割的方面。唯有统一起来考虑，才能得出正确的结论。如果一味强调某个方面，置另一方面于不顾，最后只能使自己离真理越来越远。

其次，就是要坚持实践论。实践是检验真理的唯一标准。有出息的考古学家在工作中一定要努力做到既"不唯上"，也"不唯书"。这里所说的"上"指学术权威（包括自己的老师），尤其是洋权威；"书"当然是指老师或权威的论文、著作，尤其是洋文、洋书了。考古学本来就是一门特别注重实践的学科。可是，近些年来许多学术争论往往由脱离实际所引起。根据我的体会，文字上的交锋不会生出考古学的真知灼见。真理只能从实践中来。同时，任何一种知识、一种结论，都不可避免地带有局限性、相对性。它们必然会随着新的发现而被补充、被修正，甚至被完全抛弃。德日进说得好："世界上没有绝对真理，智者苦苦求索而得到的看似真理的东西，其

实都不可避免地带有某些假设的成分。"（《人类的出现》序言，1947 年）

做一名中国考古学家是幸福的，因为中国拥有一大批像周口店遗址这样的"国宝"和"世界遗产"。让我们不负今天的大好时代，刻苦工作，不断求索，既敢于挑战他人，更要勇于挑战自己，为繁荣中国和全人类的文化科学事业做出更大的贡献。

## 注　释

［1］ Noel T. Boaz & Russell L. Ciochon. *DRAGON BONE HILL*, *An ice - age saga of Homo erectus.* Oxford University Press, 2004.

［2］ 袁振新、林圣龙、董兴仁、金昌柱《北京猿人遗址 1978～1979 年发掘报告》，吴汝康等《北京猿人遗址综合研究》，文物出版社 1985 年版。

［3］ M. Boule, H. Breuil, E. Licent et P. Teilhard. Le Paleolithique de la Chine. *Archives de L'Institut de Paleontologie Humaine*, Memoire 4, 1928.

# 参 考 书 目

Black, D. 1927. On a lower molar hominid tooth from the Chou Kou Tien deposit. *Palaeontologia Sinica.*, S. D. 7 (1).

Black. D., Teilhard de Chardin, P., Young, C. C., Pei, W. C. 1933. Fossil man in China: The Choukoutien Cave deposits with synopsis of our present knowledge of the late Cenozoic in China. *Memoirs of Geological Survey of China*, S. A. (11).

裴文中《周口店洞穴层采掘记》,《地质专报》乙种第 7 号, 1934 年。

贾兰坡、黄慰文《周口店发掘记》, 天津科学技术出版社 1984 年版。

吴汝康、任美锷、朱显谟等《北京猿人遗址综合研究》, 科学出版社 1985 年版。

裴文中、张森水《中国猿人石器研究》,《中国古生物志》新丁种第 12 号, 科学出版社 1985 年版。

Jia Lanpo and Huang Weiwen. 1990. The Story of Peking Man. Foreign Languages Press (Beijing) and Oxford University Press, Hong Kong.

贾兰坡、黄慰文《发现北京人》, 台湾幼狮文化事业公司 1996 年版。

# 后　记

　　这本应《20世纪中国文物考古发现与研究丛书》编委会之约而编写的小册子，是国家文物局宋新潮同志建议由我来写的，初稿出来后他又在百忙之中逐页逐句审阅，提出许多宝贵的意见。朱启新先生是一位受人尊敬的资深编辑，在接触过程中，他那慈祥、诚恳、宽厚的长者风范，使我深受教育。可以说，如果没有朱老的鼓励和支持，我要完成这次任务是难以想象的。同时，我也借这个机会感谢此书责任编辑窦旭耀先生和出版社其他为此书出版付出辛勤劳动的同志们。

　　作为一个在周口店北京人遗址工作过的人，我对有关周口店的种种事情怀有特别亲切的感情。所以，当编委会向我约稿时，我不假思索即予接受，并且表示尽力做好。然而，事情做起来就不是原来想象的那样简单了。例如，虽然我从1974年夏起在周口店工作过五年多，后来又协助贾兰坡先生编写《周口店发掘记》，因而对周口店也许比一般的同志有更多的了解。但是，一旦拿起笔来，要对某一事件或专题作出介绍、总结，光凭记忆、印象或现成的文字资料就远远不够了。我必须老老实实地重新查阅有关文件和出版物，并且根据自己今天的认识来写。同时，北京人遗址是一个在国际上备受关注的早期人类遗址，几十年来始终处于学术争论的中心。而今，要对某些问题作出客观的评述，就不能不顾及国际学术界的研究现状。因此，我必须阅读一些新发表的重要的国内外文献。如此一来，工作量大大超出原先预计，做起来常感力不从心。现在回过头来看，对这本仓促完成的作品我自己并不满意。相信读者尤其是同行们不难从中发现许多缺陷和错误。在此，我诚恳地欢迎大家批评指正，以便日后有机会修正，尽量减少这些由我造成的失误带来的负面影响。

最后，我想借小册子出版的机会，向一切为周口店事业做出贡献的中外科学家、行政管理人员、技术人员、工人，以及关心、支持周口店事业的人们致以诚挚的问候和敬意，向他们中已经辞世的前辈们表示深深的怀念。我衷心希望周口店事业在新的世纪有更加辉煌的表现。

本书获得了国家自然科学基金（项目号：40172009）的支持。

图书在版编目（CIP）数据

周口店北京直立人遗址/黄慰文著. --北京：文物出版社，2007.7（2020.11重印）

（20世纪中国文物考古发现与研究丛书）

ISBN 978-7-5010-1748-5

Ⅰ.周… Ⅱ.黄… Ⅲ.周口店（考古地名）-文化遗址-考古发掘-概况 Ⅳ.K878.05

中国版本图书馆CIP数据核字（2005）第045137号

20世纪中国文物考古发现与研究丛书

# 周口店北京直立人遗址

著　　者　黄慰文

封面设计　张希广
责任印制　陈　杰
责任编辑　窦旭耀
出版发行　文物出版社
社　　址　北京市东直门内北小街2号楼
网　　址　http://www.wenwu.com
邮　　箱　web@wenwu.com
印　　刷　文物出版社印刷厂有限公司
开　　本　850mm×1168mm　　1/32
印　　张　8
版　　次　2007年7月第1版
印　　次　2020年11月第2次印刷
书　　号　ISBN 978-7-5010-1748-5
定　　价　40.00元